गीत लेखन कैसे करें?

How to write a film type song

कैलाश चन्द्र यादव

एम. ए. (अर्थशास्त्र), एम. काम.

जय कुमार फिल्म एवं लाइट म्यूजिक वर्कशाप
की प्रस्तुति

Publlshed By

Anybook

Cell : 9971698930

E-mall : contactanybook@gmall.com

Weblte : www.anybook.org

Price in India :200/-INR

Flrst published by Anybook in 2022

Copyrlght © 2022 Anybook

Copyright Text © 2022 Kailash Chandra Yadav

Printed and bound in India

Cover Design & Typesetting by Anybook

ISBN : 978-93-91571-58-0

The author asserts the moral right to beidentified as the author of this work

All right reserved.

No part of this publication may be reproduced or transmitted in any form or by means, electronic or mechanical and including photocopying, recording or by any information storage and storedin retrieval system, without the prior permissionin writing of the Publisher and Author, nor be otherwise circulated in any form of binding or cover other than that in which it is published and without a similer condition including this condition being imposed on the subsequent purchaser.

समर्पण

यह पुस्तक मैं अपनी पूज्यनीय माता जी श्रीमति ओमवती देवी पत्नि स्व. श्री भूकन लाल यादव जी के पावन चरणों में समर्पित करता हूँ ।

गुरु द्रोण सम्मान पत्र

International Film & Television Club

अन्तरा शब्द शक्ति

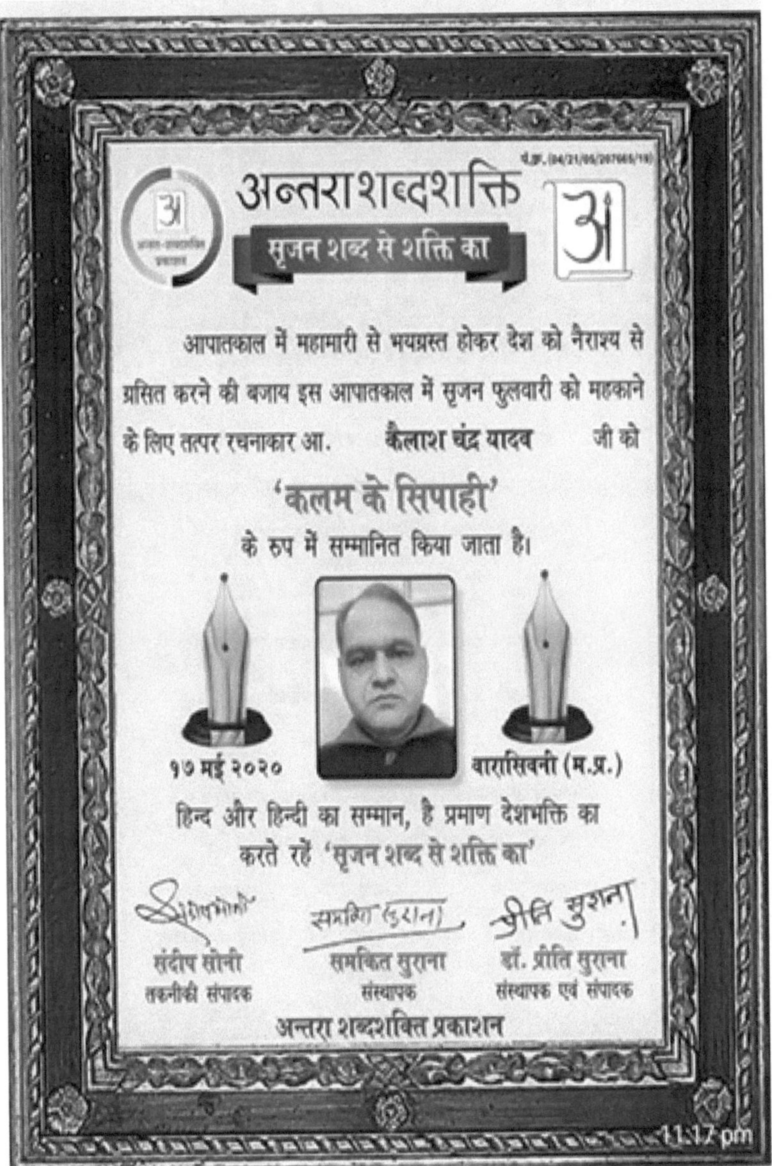

अन्तराशब्दशक्ति
सृजन शब्द से शक्ति का
आपातकाल में महामारी से भयग्रस्त होकर देश को नैराश्य से
ग्रसित करने की बजाय इस आपातकाल में सृजन फुलवारी को महकाने
के लिए तत्पर रचनाकार आ. कैलाश चंद्र यादव जी को
'कलम के सिपाही'
के रूप में सम्मानित किया जाता है।
१७ मई २०२० वारासिवनी (म.प्र.)
हिन्द और हिन्दी का सम्मान, है प्रमाण देशभक्ति का
करते रहें 'सृजन शब्द से शक्ति का'
संदीप सोनी
तकनीकी संपादक
समर्कित सुराना
संस्थापक
डॉ. प्रीति सुराना
संस्थापक एवं संपादक
अन्तरा शब्दशक्ति प्रकाशन
11:17 pm

साहित्यिक प्रतिभागिता

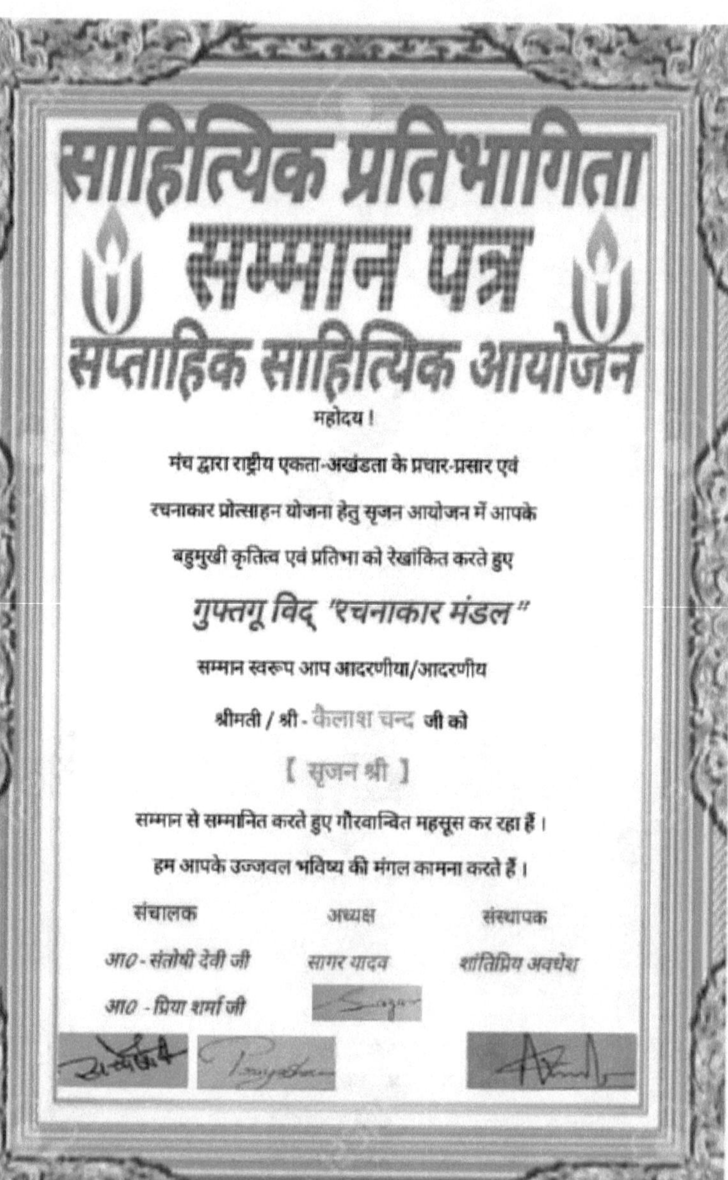

International Film & Television Club

अनुक्रम

आरम्भ

भारत संचार निगम लिमिटेड से दिनांक 31-01-2020 को VRS-2019 योजना के अन्तर्गत सेवानिवृति के उपरान्त मैंने सोचा कुछ ऐसा किया जाये जो कुछ अलग हटकर हो। मेरे इससे पूर्व प्रकाशित कहानी संग्रह **इस उपवन में** को काफी लोगों ने पसन्द किया और कहा कि मैं गद्य लेखन भी अच्छा करता हूँ।

गीत लिखना मेरा शौक पहले से ही रहा है। अतः मैंने सोचा कि आने वाली पीढ़ी को इस विधा से क्यों न अवगत कराया जाये। गीत लेखन कैसे करें ? इसके लिए इस विषय में बाजार में उपलब्ध पुस्तकों की जानकारी ली। परन्तु कोई ऐसी पुस्तक मुझे उपलब्ध नहीं हुई। इस विषय में मैंने अपने प्रकाशक ANY BOOK का भी सहयोग चाहा पर सफलता नहीं मिली। अपनी इस आकांक्षा को लेकर मैंने स्वयं ही यह प्रयास करने का मन बनाया और एक कार्यशाला खोलने का मन बनाया।

जिसका नाम मैंने अपने पुत्र के नाम पर रखना उचित समझा। प्रयास रंग लाये और दिनांक 06-12-2020 को जय कुमार फिल्म एवं लाइट म्यूजिक कार्यशाला का श्री गणेश किया। अपने ग्रुप के साहित्यकारों के साथ बैठकर उनको इसकी जानकारी दी और साथ ही उनके गीतों को संगीतबद्ध भी किया।

कई साहित्यकारों ने मुझसे पूछा कि गीत कैसे लिखें ? कैसे नया करें ? कैसे इस क्षेत्र में आगे बढ़ें ... । साहित्यकारों एवम् संगीत में रुचि रखने वाले मित्रों को यह समझाना मुश्किल लगा। चूंकि यह एक ऐसा विषय है जिसे चन्द लम्हों या चन्द घण्टों या चन्द दिनों महीनों में नहीं समझाया जा सकता। अतः मैंने अपने अनुभव और जानकारियों के आधार पर इस क्षेत्र में आगे बढ़ने का मन बनाया। यहीं से इसका आग़ाज/आरम्भ हुआ।

यह पुस्तक
लेखक का विचार

अन्य विधाओं की तरह गीत लेखना या Song writting भी एक विधा है। मीडिया अथवा Mass Communication के माध्यम से तरह-तरह के कोर्स चलाये जा रहे हैं। फिल्म जगत के दृष्टिकोण से भी अनेक विषयों को पाठ्यक्रम का रूप प्रदान किया गया है।

इण्टरनेशनल फिल्म एण्ड टेलीविजन क्लब की सदस्यता से दिनांक 23 सितम्बर 2017 को मुझे सम्मानित किया गया। फिल्म सिटी नोएडा मारवाह स्टूडियो का भी मैंने आन्तरिक निरीक्षण किया। यहाँ पर चलने वाली कक्षाओं को मैंने नज़दीक से देखा और यहाँ के छात्रों के साथ कार्यशाला में भी भाग लिया। उनके साथ प्रश्नोत्तर कर आनन्द की अनुभूति हुई। मैं उनके शिक्षकों से भी मिला। मुझे लगा कहीं कुछ और होना चाहिए ताकि छात्रों को इस क्षेत्र की बारीकियों से अवगत कराया जा सके।

काव्यांचल फेस बुक साहित्यिक ग्रुप द्वारा मुझे कवियों के सृजन को आंकने हेतु जज पेनल में शीर्ष स्थान दिया गया जो मेरे लिये गर्व का विषय रहा। फेस बुक काव्यांचल साहित्यिक ग्रुप द्वारा ही मुझे **गुरू द्रोण** से भी सम्मानित किया गया। नवोदित सृजनकारों की लेखनी को आंकने का जब मुझे अवसर मिला तो ऐसा लगा इन्हें इस दिशा में काफी कुछ सीखने की आवश्यकता है। मुझे लगा इन्हें मार्गदर्शन चाहिए लेकिन इसके लिये मार्गदर्शन का कोई माध्यम तो हो। कार्यक्रम में भाग ले रहे अधिकांश प्रतिभागी एक ही तरह के सृजन से जुड़े नज़र आये। इसी दृष्टिकोण को रखकर इस पुस्तक का सृजन करना मेरा प्रयास है।

My Song recorded by Chandra Mohan Hangekar, Filmeria Saz Sargam Studio Pune Maharastra

1- Bheegi Bheegi Barsaate

(Based on Kannada Song Jala Jala Jalapaatham...)

2- Ankhen Teri Jaanam Paimane Do

(Based on Marathi Song Preet Tuzi Maazi...)

3- O Dilruba Tujhko Itna chahun

(Based on Telgu Song Ye Kannulu choodani Chitrame...)

4 - दिलवाले मुहब्बत जाने न तू

My other song on Youtube

1- Wada Nahin Karte Sanam

2- Mujhe churi to la de

3- Lagti tum Ho Chand chakori Jaanam

4- Dil Todd ke na Jaiyo

5- Piya Tera naam

6- Wada Nahin Karte Sanam (F)

7- Tumse Pyar Karte hain yaar purane

8- Are kya kahna Teri Kali Kali Ankhon Ka

9- Phuljhari lagti ho jaanam

Kailash Chandra Yadav Geetkar Kashipur

1- तू सनम बेवफ़ा है

2- बात दो रूपये की है मामला है

3- हादसा एक बन गयी ज़िंदगी

4- खुशियों के दीप जलाने आयी दीवाली

5- तुम जो आओ तो पतझड़ सा मौसम

6 - जाने जां दूर से आवाज

(Rang Aur noor ki Barat ka new version)

गीतों का ऐतिहासिक परिप्रेक्ष्य

गीत लेखन के इतिहास की ओर जब नज़र जाती है तो लगता है पौराणिक काल से ही गीत/कविता लिखने और सुनने सुनाने की परम्परा रही है। देवताओं (सुर-असुर)और राजे महाराजाओं के दरबारों में नृत्य गायन और संगीत इस बात को प्रमाणित करते हैं कि गीतों का इतिहास बहुत प्राचीन है। कबीर के दोहे व पद तुलसीदास की चौपाइयों में लिखी रामायण, मीराबाई, सूरदास एवं सन्त रैदास के पद एवम् पदावली आज भी गीत परम्परा के इतिहास का परिचय देते हैं। चूंकि दोहे पद चौपाई कवित्त आदि को आज भी गीतों की तरह गाया जाता है। अतः जब इनकी रचना हुई होगी तब गीत का पुट इनमें जरूर रहा होगा।

हिन्दी गीत/कविता की परम्परा बहुत लम्बी है। शिव सिंह सेंगर ने हिन्दी साहित्य के आदि काल के प्रथम कवि के रूप में 'पुष्य' या 'पुण्ड' का नाम प्रस्तावित किया है। कुछ विद्वान सरहपाद को हिन्दी का पहला कवि मानते हैं।

सरहपाद और उनके समवर्ती व परवर्ती सिद्धों ने दोहों और पदों के रूप में अपनी स्फुट रचनाएं प्रस्तुत कीं। रासोकाल तक आते-आते प्राचीन हिन्दी का रूप स्थिर हो चुका था। अपभ्रंश और शुरुआती हिन्दी परस्पर घुली-मिली दिखाई देती हैं। धीरे-धीरे हिन्दी में परिष्कार होता रहा और अपभ्रंश भाषा के पटल से लुप्त हो गई।

भक्ति-काल में कबीर सत्य के, जायसी सौन्दर्य के, सूर प्रेम के और तुलसी आस्था के कवि हैं। ... रीति-काल के कवियों, जैसे देव और बिहारी में अध्यात्म का यह ह्रास पूर्ण हो गया। रीति-काव्य लौकिक-भावना का काव्य है।

महाकवि कबीर के दोहों को फिल्म गीत गाता चल में बखूबी गाया गया है।

कबीर के पदों का भी गायन गीतों के रूप में सुनने को मिलता है। कबीर के पदों के कुछ मुखड़े इस तरह हैं।

माया महा ठगनी हम जानी

कौन ठगवा नगरिया लूटल हो

रस का अंग

संगति का अंग

झीनी झीनी बीनी चदरिया

रहना नहिं देस बिराना है

साधो ये मुरदों का गांव

विरह का अंग

रे दिल गाफिल गफलत मत कर

सुमिरण का अंग

मन लाग्यो मेरो यार फ़कीरी में

राम बिनु तन को ताप न जाई

तेरा मेरा मनुवां

साध का अंग

घूँघट के पट

हमन है इश्क मस्ताना

सांच का अंग

सूरातन का अंग

मेरी चुनरी में परिगयो दाग पिया

कबीर के एक पद को विस्तार से जानिये

माया महा ठगनी हम जानी ॥

तिरगुन फांस लिए कर डोले, बोले मधुरे बानी ॥

केसव के कमल वे बैठी, शिव के भवन भवानी ॥

पंडा के मूरत वे बैठीं, तीरथ में भई पानी ॥

योगी के योगन वे बैठी, राजा के घर रानी ॥
काहू के हीरा वे बैठी, काहू के कौड़ी कानी ॥

भगतन की भगतिन वे बैठी, बृह्मा के बृह्माणी ॥
कहे कबीर सुनो भई साधो, यह सब अकथ कहानी ॥

महाकवि सूरदास ने भी श्रृंगार का वर्णन जिस तरह किया है। उनको भजन/गीत रुप में जब सुना जाता है तो लगता है मानों कोई कानों में मिस्त्री घोल गया हो। यहाँ महाकवि सूरदास के एक पद/भजन उल्लेख करना चाहूंगा-

देख-देख एक बाला जोगी

देख देख एक बाला जोगी

देख देख एक बाला जोगी द्वारे मेरे आया हो ॥ध्रु०॥

पीतपीतांबर गंगा बिराजे अंग बिभूती लगाया हो।

तीन नेत्र अरु तिलक चंद्रमा जोगी जटा बनाया हो ॥१॥

भिछा ले निकसी नंदरानी मोतीयन थाल भराया हो।

ल्यो जोगी जाओ आसनपर मेरा लाल दराया हो ॥२॥

ना चईये तेरी माया हो अपनो गोपाल बताव नंदरानी।

हम दरशनकु आया हो ॥३॥

बालकले निकसी नंदरानी जोगीयन दरसन पाया हो।

दरसन पाया प्रेम बस नाचे मन मंगल दरसाया हो ॥४॥

देत आसीस चले आसनपर चिरंजीव तेरा जाया हो।

सूरदास प्रभु सखा बिराजे आनंद मंगल गाया हो ॥५॥

कृष्ण की दीवानी मीरा के पद राम रतन धन पायो को लेकर फिल्म का निर्माण हुआ है और इसमें राम रतन धन पायो को एक नये तरीके से गाया गया

जिसने लोकप्रियता की ऊँचाईयों को छुआ। मीराबाई का यह पद भी हमारे गीतों की विषय वस्तु है-

पायो जी मैंने राम रतन धन पायो

पायो जी मैंने राम रतन धन पायो

वस्तु अमोलिक दी मेरे सतगुरु

किरपा करि अपनायो. पायो जी मैंने...

जनम जनम की पूंजी पाई

जग में सभी खोवायो. पायो जी मैंने...

खरचै न खूटै चोर न लूटै

दिन दिन बढ़त सवायो.पायो जी मैंने...

सत की नाव खेवटिया सतगुरु

भवसागर तर आयो. पायो जी मैंने...

मीरा के प्रभु गिरिधर नागर

हरष हरष जस गायो. पायो जी मैंने...

महाकवि तुलसीदास द्वारा रचित रामायण का उल्लेख करना तो सूरज को दीपक दिखाने जैसे लगता। महाकवि तुलसीकृत रामायण का जहाँ तहाँ पाठ होता है। सम्पूर्ण रामायण गीत के दृष्टिकोण से अद्भुत उदाहरण है। रामायण का पाठ करने वाले तरह तरह के गीतों की शक्ल में इसे ढ़ालकर गाते हैं। मैं अगर यह कहूं कि सम्पूर्ण रामायण ही एक गीत है तो अनुचित न होगा। सुन्दरकाण्ड को घर घर में भजन कीर्तन की तरह गाया जाता है।

इसी तरह हमारे तमाम कवियों ने गीतमय साहित्य समाज को दिया है। इनका नाग इतिहारा के पन्नों पर सदा अमर रहेगा।

युवा वर्ग में लिखने के प्रति अरुचि का होना

मुझे याद आते हैं वो दिन जब मैं डिग्री कालेज में पढ़ता था। लेक्चरार/ प्रोफेसर जब हमें पढ़ाते थे, उनका एक रूटीन होता था। पीरियड के आधे समय पढ़ाना अर्थात् सम्बन्धित विषय पर अपना लेक्चर देना और फिर आधे समय वे स्वंय बोलकर लिखाते भी थे।

लिखने का तात्पर्य यह कदापि नहीं था कि जो कुछ उन्होंने हमें बताया वह समझ में नहीं आया। अपितु इससे हममें लिखने की प्रवृति सदा बनी रहती थी। साथ ही कुछ लेक्चरर तो बड़ी गति से बोलकर लिखाते थे। तब तो मानों उनके बोलने और हमारे लिखने में मानों कम्पटीशन जैसे हो जाता था। कई छात्रों का बीच-बीच में छूट भी जाता था।

तो दोस्तों मैं आपको यही बताता चाहता हूँ कभी भी लिखने/लेखन से जी न चुरायें। जीवन में हर इन्सान को अपने जीवन में कुछ न कुछ लिखते रहना चाहिए।

गीत लेखन में यह आदत बड़ा सहयोग करती है। मैं देखता हूँ वर्तमान युवा जगत इससे दूर भाग रहा है। वह कुछ भी लिखने के नाम पर ना-नुकर कर जाता है। कहता है हमें याद रहेगा हमने मोबाइल पर नोट कर लिया है।

लेकिन कभी भी कितने ही आधुनिक प्रयोग क्यों न हो जायें। हम कितना ही डिजिटल क्यों न हो जायें, लेकिन कागज, कलम, दवात के बिना आगे नहीं बढ़ सकते।

इसलिये गीत लिखना सीखना है तो इन सबसे दूर भागने की कोशिश न करें। किसी भी तरह की दो लाइनें भी दिमाग में आती हैं तो उसे डायरी/नोटबुक अथवा रफ़ कापी में अवश्य दर्ज करें। यही एक या दो लाइन भी हमें आगे बढ़ने का सूत्र बताती हैं।

गीतकार आनन्द बख्शी से फिल्म निर्माता सुभाष घई से जब कहा कि मुझे इलू पर गीत लिखकर दो। आनन्द जी की समझ में नहीं आया उन्होंने दोहराया इलू का मतलब। सुभाष जी ने जबाब दिया। LU अर्थात् आई लव यू। उनका

इतना कहना था आनन्द जी दिमाग ने इशारा समझ लिया और इतना बेहतरीन और यादगार गीत रच डाला।

इलू-इलू इलू-इलू इलू का मतलब आई लव यू आई लव यू (पूरा गीत यू ट्यूब पर सुनें)

गीतकार के लिए इतना इशारा ही काफी होता है और ये सब तभी सम्भव है जब हम स्वंय को होमवर्क के लिये तैयार कर लेते हैं।

बेहतर होगा कि रचनाकार दो रंग के पेन अपने पास रखें। समय-समय पर गीत लेखन में संशोधन करना पड़ता है। कोई भी शब्द/लाइन कहीं भी मीटर से बाहर है अथवा अपने तारतम्य में सही नहीं बैठ रही है, तुरन्त संशोधन करें।

बहुरंगी(लाल/नीला/हरा) पेन ऐसे में मददगार साबित होते हैं। हमें तुरन्त पता चल जाता है हमने कहाँ संशोधन किया है। संशोधन के उपरान्त फिर से उस पर मनन करें, गाकर देखें, अपनी स्वर लहरी संगीत पर (यदि सम्भव हो) जांच कर देखें तभी अपने गीत से आप सन्तुष्ट हो पायेंगे।

जब तक आप स्वयं सन्तुष्ट न हो दूसरे के सम्मुख अपना प्रयास न रखें। अन्यथा सुनने वाले हमें हास्य का विषय समझते हैं।

और मैं गीतकार बन गया

मेरा बचपन काफी संघर्षों के दौर से गुजरा। गरीबी के दिन थे माता-पिता ने जिन हालातों में मेरा लालन-पालन किया वह कठिन दौर था। घर में लाइट नहीं होती थी। मिट्टी के तेल की डिबिया के माध्यम से मैंने अपने बचपन की पढ़ाई प्रारम्भ की। बाद में मेरे पिताजी स्व. श्री भूकन लाल जी ने मेरे पढ़ने के लिये लालटेन की व्यवस्था की। जब मैं पहली बार पढ़ने गया तो बहुत रोया था कि मुझे क्यों पढ़ने भेजा ? बचपन में मेरे पिताजी भजन सुनाया करते थे। वे भजन सन् 1946 में लिखे गये थे जिनकी पाण्डुलिपि मेरे पास अभी भी सुरक्षित है। बचपन में उनकी आवाज में इन्हें सुनकर बहुत अच्छा लगता था।

मेरे पिताजी को संगीत का भी शौक था। उनके पास एक बैन्जो हुआ करता था वे उस पर कई गीत बहुत अच्छा बजाते थे। जैसे रमैय्या बस्ता बैया मैंने दिल तुझको दिया... । मेरी नगरी का ऐतिहासिक मेला चैती मेला रहा है। अत: पिताजी ने मुझे चैती मेला से एक नया बैन्जो लाकर 'दिया।

शास्त्रीय संगीत जैसा ज्ञान तो उन्हें नहीं था। अतः उन्होंने मुझे यूँ ही दो-चार सरगम सिखायी। धीरे-धीरे कर मुझे बैन्जो पर गाना निकालना भी आ गया। रफ़्ता-रफ़्ता मैं कई गानों की धुन सीख गया और अब इस वादन में आनन्द आने लगा।

बचपन से ही मैं पढ़ने-लिखने में तेज था। हमेशा ही कक्षाओं में मेरा स्थान रहता था। जैसे-जैसे मैं शिक्षा की पायदाने चढ़ता गया, जीवन में कुछ नया करने की इच्छा प्रबल होती गयी। निबन्ध जैसे विषय को मैं रटकर नहीं उसके हेडिंग के माध्यम से स्वंय से लिखना पसन्द करता था। कई बार याद किये गये प्रश्न परीक्षा में नहीं आते थे, फिर भी मेरी कलम उन पर चल जाती थी। हाई स्कूल इन्टर तक पहुंचते-पहुंचने मेरे मन में लिखने का कीड़ा पनप चुका था। उन दिनों मुझे समसामयिक विषयों पर लिखने का जुनून सा था। मेरे लेख भी पत्र-पत्रिकाओं में प्रकाशित हुए। मैंने अपने लेख बड़े-बड़े समाचार पत्रों जैसे अमर उजाला, दैनिक जागरण को भी भेजे।

उन दिनों आज की भांति फोटो स्टेट, मोबाइल आदि की सुविधायें नहीं

थी। हाथ से ही कार्बन लगाकर तीन-चार प्रतियाँ लिखना पड़ता था। उस पर भी उसे समाचार पत्रों को डाक से भेजना। काफी जद्दोजहद का सबब था। उससे भी ज्यादा दिल को धक्का तब लगता था जब समाचार पत्र वाले उस पर एक छोटी सी स्लिप लगाकार, जिस पर लिखा होता था 'सम्पादक के खेद सहित वापस"। यकीन मानें दिल पर बिजली टूट पड़ती थी।

इधर मेरा संगीत शौक भी चलता रहता था। मैं जब दूरसंचार विभाग में टेलीफोन आपरेटर के प्रशिक्षण के लिये लखनऊ गया। मैं अपना वाद्य यंत्र भी वहाँ ले गया। उन दिनों मैंने तीन माह में ही 15-20 फिल्में देखी। फिल्मों के गीत बड़े ही कर्णप्रिय गीत होते थे। फिल्म 'लव स्टोरी' 'क्रान्ति' 'बाबी' 'संगम' आदि। इनके गीत याद हो गये थे। फिर उन्हें अपने बैन्जो पर बजाना और साथियों को सुनाना वे पल भुलाये नहीं जाते।

जब मैंने दूरसंचार विभाग में दिनांक 13 अप्रैल 1981 को ज्वाइन किया वहाँ कुछ ख़ास काम नज़र नहीं आया। मात्र चार से पांच घण्टे में काम निपट जाता था और फिर... कोई काम बकाया भी नहीं रहता था। सौभाग्य से मेरी पहली पोस्टिंग ही काशीपुर मेरे पैतृक जन्म स्थान पर ही हुई। इन दिनों स्थानीय समाचार पत्रों का भी दौर काफी था। "दैनिक दशानन" का साप्ताहिक अंक मैं खरीद लेता था। इसमें शेरो शायरी को विस्तार से प्रकाशित किया जाता था। विशेष बात यह थी लगभग सभी छोटे बड़े शायरों की चार पंक्तियों को जगह मिल जाती थी। उनमें से सर्वश्रेष्ठ को पुरस्कृत भी किया जाता था। उसका नाम अगले अंक में प्रकाशित किया जाता था। मैंने भी इसमें अपनी चार पंक्ति भेजनी प्रारम्भ की और वे प्रकाशित होती रही।

युवावस्था का दौर था। प्यार मुहब्बत के किस्से, रोमेंटिक गाने, सुनने और उनको प्ले करना अच्छा लगता था। वही भाव शेरो शायरी में स्थान लेते रहे, प्रकाशित होते रहे और फिर मैंने सोचा क्यों न गीत लिखा जाये। अचानक ही मन में यह पंक्ति आयी-

प्यार करता हूँ तुझे दिलदार करता हूँ

जीने की तमन्ना है मरने का इरादा है

सामने है फिर भी इन्तजार करता हूँ

और मैंने इसको एक गीत की शक्ल प्रदान कर, लिख समाचार पत्र दशानन को भेज दिया। समाचार पत्र ने पूरे गीत को बड़े सुन्दर तरीके से प्रकाशित किया। मेरी खुशियों और उत्साह का ठिकाना न रहा और मैं गीतकार बन गया।

गीत क्या है और गीतों का जन्म कैसे होता है

गीत एक वह विधा है, जिसमें कविता को गायन के माध्यम प्रस्तुत किया जाता है। गीत कविता क्षेत्र का सर्वोत्कृष्ट स्वरूप है।

जिस तरह माँ की कोख से बच्चे का जन्म होता है, उसी तरह मनुष्य की अन्तर आत्मा से जब कोई आवाज आती है, वहीं से कविता का जन्म होता है। उसी को परिमार्जित कर मनुष्य कभी उसे ग़ज़ल का रूप प्रदान कर देता है तो कभी यही अल्फाज गीत का रूप ले लेते हैं

कोई किसी का बेवजह दिल तोड़ता है तब गीत जन्म लेता है। कोई किसी की आत्मा को बेवजह झकझोरता है तब गीत जन्म लेता है। कोई किसी की रूह को छू जाता है तब गीत जन्म लेता है

बच्चों में बचपन से ही कुछ प्रतिभाएं होती हैं। जैसे खेल कूद, चित्रकारी, तकनीकी आदि। इसी तरह बचपन में ही कला और साहित्य क्षेत्र में जाने की अभिरुचियाँ पायी जाती हैं। कुछ अभिभावक इसे पहचान लेते हैं। कुछ नज़र अन्दाज कर देते हैं। बचपन में प्रारम्भ से उस शिक्षा का ज्ञान बच्चे को दिया जाये तो बच्चा आगे चलकर उसका मास्टर बन जाता है।

जहाँ तक गायन का प्रश्न है यह एक क्षेत्र है जिसमें बच्चे को गाईडेन्स की आवश्यकता होती है। बच्चा शुरू-शुरू में दूसरे अथवा सामने वाले के सम्मुख अपनी भावनायें खुलकर नहीं कह पाता। गाना चाहता है पर शब्द जवां तक आते-आते अटक जाते हैं। कहना कुछ और चाहता है कह कुछ और देता है। इसी के सुधार, बच्चों की शर्म मिटाने, अपनी बात को दूसरे के सम्मुख रखने, के लिए दिल में जो उद्गार छिपे हैं, उन्हें उजागर करने के लिये संगीत मार्ग दर्शन करता है। जो बात हम स्वंय नहीं सोच पाते उसे संगीत बाहर ले आता है। गीत और संगीत का चोली दामन का साथ है।

गीत लेखन एवम् गायन में ध्यान रखने योग्य बातें इस प्रकार हैं

1- गीत का स्थायी भाग/मुखड़ा : गीत की साधारणतया पहली दो पंक्तियाँ ही स्थायी/मुखड़ा कहलाती हैं। इन्हीं को अन्तरे के अन्त में बार-बार दुहराया जाता है।

2- गीत का अन्तरा : गीत का द्वितीय भाग अन्तरा कहलाता है। अन्तरे को गाते समय यह ध्यान रखना होता है कि यदि स्थायी नीचे के सुरों से प्रारम्भ होता है तो अन्तरा ऊपर के सुरों के अनुरूप गाया जाता है।

गीत का मुखड़ा ही यदि ऊँचे स्वर से गाया गाया है तो अन्तरा नीचे के स्वरों में गाया जाता है। उदाहरण के लिये **"कांटो से खींच के ये आंचल, बांध के पैरों में पायल -------------- आज फिर जीने की तमन्ना है"** यह गीत ऊँचे स्वर से प्रारम्भ होता है जबकि मुखड़ा बाद में गाया गया है जो नीचे के स्वरों में है।

3- गीत का द्वितीय: अन्तरा: गीत के दूसरे एवम् तीसरे/चौथे अन्तरे को भी इसी के अनुसार गाने का प्रचलन अधिक है।

4- अन्तरों में गायन शैली का अद्भुत परिचय देते हुए गायकों एवं संगीतकारों ने इसे विविध प्रकार से भी गाया है। जैसे यह गीत:-

॥ये दुनिया, यह महफिल, मेरे काम की नहीं ॥

इसमें स्थायी की मात्र एक लाइन है। परन्तु संगीत निर्देशक ने इसे जिस तरह तैयार किया है वह गायन एवं संगीत निर्देशन का अनूठा उदाहरण है। सभी अन्तरे अपनी-अपनी छाप छोड़ जाते हैं। इस गीत के मध्य में जो संगीत दिया गया है। गीत-संगीत में रुचि रखने वालों को अवश्य गौर से सुनना चाहिए।

गीत लेखन कैसे

कागज कलम दवात ला लिख दूँ..........

जी हाँ ! लेखन ऐसी प्रक्रिया है जिसमें पहली जरूरत है कागज, कलम और दवात की। लेखन दिल के जज़्बातों का एक तूफान है। कभी-कभी बहुत अच्छे खूबसूरत विचार या जज्बात दिलोदिमाग में आते हैं। कुछ करने को मजबूर करते हैं। ऐसे में लेखन इस तूफान को तो रोकता है। साथ ही बहुत से ऐसे निशां छोड़ जाता है जो हम पुनः कभी सोचकर भी नहीं लिख पाते।

ऐसे ही विचारों को मूर्त रूप प्रदान करने का माध्यम लेखन है। विचार गद्य-पद्य अथवा अन्य किसी विधा में भी हो सकते हैं। एक लेखक इन्हें लेख/ art Icle की शक्ल दे देता है। कवि कविता की शक्ल में लिखता है। शायर इनके शेर बना देता है और अन्य विधाओं में ये विचार बदल जाते हैं। लेकिन इन सब से हटकर गीतकार इन विचारों को गीत की शक्ल प्रदान कर देता है।

ये विचार मनुष्य के मस्तिष्क में कभी भी आ सकते हैं। जागते, सोते, काम करते, वाहन चलाते, एकान्त में बैठे, रास्ते में चलते, ट्रेन या बस में बैठे, बिस्तर पर लेटे, आफिस में ...,कहीं भी, कभी भी... इन्हीं को संजोकर रखना कला है।

समाज में घटने वाले तरह-तरह के प्रसंग सुख-दुःख, तमाम तरह के मांगलिक कार्यक्रम जैसे जन्म संस्कार, नामकरण संस्कार, सगाई, विवाह आदि-आदि कार्यक्रम गीतकार के लिये लेखन सामग्री जुटाने का माध्यम हैं।

प्रेम प्रसंग, राजनैतिक गतिविधियाँ, सुख दुःख के अनेक अवसर, मिलन-जुदाई ये सभी गीतकार की विषय वस्तु हैं। एक सफल गीतकार को हर अवसर पर अपनी कलम चलानी आनी चाहिए। लेखन वस्तुतः सिखाने की विषय वस्तु नहीं है फिर भी इस दिशा में सही मार्ग दर्शन की आवश्यकता अवश्य है।

शास्त्रीय/सुगम गायन एवम् लेखन

शास्त्रीय संगीत सभी क्षेत्रों में एक बुनियाद की भांति है। जैसे एक बच्चा A, B,C, D, या अ आ इ ई.... सीखता है उसी तरह शास्त्रीय संगीत में सा रे गा

मा पा धा नी को भी जानना जरूरी है। शास्त्रीय संगीत को इस तरह समझना चाहिए जैसे क्रिकेट में टेस्ट मैच। क्रीज में देर तक टिकना और रन भी बनाना। यही शास्त्रीय संगीत हमें सिखाता है। जब एक कलाकार मंच पर अपनी प्रतिभा घंटों-घंटों प्रदर्शित कर अपनी प्रतिभा का लोहा मनवा लेते हैं और हम सोच भी नहीं पाते कि यह कैसे संभव हुआ।

आधुनिक समय में परिवर्तन आ चुका है। अब कागज-कलम-दवात न भी हो तो लेखक/कवि/साहित्यकार अपनी कलम चला सकता है। अपनी प्रतिभा को सुरक्षित कर सकता है। जी दोस्तों ! अब मोबाइल एक ऐसा माध्यम है जिसमें हम अपने विचार, उदगारों को कभी भी रात-दिन, सुबह-शाम चौबीसों घण्टे लिख सकते हैं। आज के युग में मोबाइल में अनेकों प्रकार के सॉफ्टवेयर हैं जिनके माध्यम से हम अपनी प्रतिभा को निखार एवं सुरक्षित रख सकते हैं। मनुष्य के मन मस्तिष्क का तूफान लेखन के माध्यम से शांत कर एक ऐसी प्रक्रिया को जन्म देता है जो समाज में एक नये इतिहास का प्रतीक बन जाता है।

गीत/संगीत एक आत्मिक आवाज है

गीत लेखन/संगीत सृजन एक आत्मिक आवाज है। यह अनावश्यक रूप से थोपे जाने वाला विषय नहीं है। यह वह विषय है जब दिल के दरवाजे पर कोई दस्तक देता है। विचारों का आन्दोलन तेज होता चला जाता है। यह दस्तक किसी भी तरह के विचारों का रूप ले सकती है। देश भक्ति, प्रकृति प्रेम, आध्यत्म अथवा श्रृंगार आदि।

विचारों का यह आन्दोलन एक तूफान का रूप ले लेता है और ठहरने का नाम नहीं लेता। ऐसे में कागज कलम दवात इस तूफान को ठहराव देने का काम करते हैं। यहीं से जन्म लेता है एक कवि एक लेखक एक साहित्यकार अथवा एक कलाकार। मानव मन कुछ लिखने को कुछ गढ़ने को अथवा कुछ अलग कने को उद्वेलित हो उठता है। इसी तरह के उदगारो को मूर्त रूप प्रदान कर देना ही कलाकारी है।

मानव मन एक कम्पयूर की भांति काम करता है। चौबीसों धण्टे यह

कार्यरत रहता है। इन्सान की मेमोरी कम्पयूटर से अधिक है चूंकि इन्सान ने कम्पयूटर को बनाया है। कम्पयूटर ने इन्सान को नहीं। अभी भी कम्पयूटर की सीमायें हैं लेकिन इन्सान का दायरा असीमित है। इन्सान के विचार जब कम्पयूटर/मोबाइल के माध्यम से जनसामान्य तक पहुंच जाते हैं तो वह एक कभी न मिटने वाला इतिहास बन जाता है और प्रत्येक मानव मन इस इतिहास के पन्ने पर अपना नाम हमेशा-हमेशा के लिये दर्ज कराना चाहता है।

इसलिए अभिभावकों से निवेदन है यदि बच्चों में लेखन/संगीत/कला क्षेत्र में जाने की जरा भी ललक है तो उसे पूर्ण सहयोग दें। उसकी अभिव्यक्ति को समझें और सही मार्गदर्शन करने में मदद करें। वरना अनावश्यक रूप से इसे थोपने का प्रयास न करें।

गीत लेखन में संगीत के सुर हमसे कुछ कहना चाहते हैं

गीत लेखन में संगीत की जानकारी का होना भी नितान्त आवश्यक है। यूं तो संगीत हमारे जीवन का एक अहम हिस्सा है। जिस तरह भोजन बिना इन्सान का जीवन मुश्किल है। उसी तरह संगीत के बिना भी जीवन अधूरा सा लगता है। संगीत इन्सान के जीवन को वो सकून शान्ति व मनोरंजन प्रदान करता है। जिसे हम किसी अन्य माध्यम से पूरा नहीं कर सकते।

अतः एक गीतकार को संगीत की जानकारी अवश्य होनी चाहिये। भले ही शास्त्रीय संगीत की जानकारी न हो। लेकिन अपनी कविता, अपनी बात को लयबद्ध तरीके से कहने की समझ होनी चाहिए। साथ ही अपनी बात दूसरे के समक्ष कहने में, सुनाने में संकोच कदापि नहीं होना चाहिए। जब तक हम अपनी बात खुले मन से कह नहीं पायेंगे कैसे एक कलाकार बनेंगे। गीतकार एक प्रकार से फिल्म अथवा दृश्य की बुनियाद है। वह जब अपनी बात गीत के माध्यम से रखता है तो उसके मन मस्तिष्क में वह सारी पिक्चर होती है जो सिनेमा के पर्दे पर दिखायी दे रही है।

गीतकार के लिये ये केवल शब्द नहीं सिनेमा का पूरा का परदा है। जहाँ एक गीत के माध्यम से बहुत कुछ संदेश हमें पहुंचाना है। गीतकार के एक-एक

शब्द पर जब फिल्मांकन होता है, तब लगता है कि उसके शब्दों ने एक नया जन्म ले लिया है।

इस दिशा में सफल गीतकार बनने के लिये हमें चाहिए कि हम संगीत की प्राथमिक जानकारी जैसे सरगमों के अनुसार स्वयं को ढालना सीखें। सरगम हमें अपने सुरों के उतार-चढ़ाव को सिखाती है। कहीं हम अपने सुर से भटकते हैं तो हमें आभास कराती है कि हम कुछ गलत कर रहे हैं। यथार्थ में सरगम इन्सान के जीवन में भी ऊपर की सीढ़ियों पर चढ़ने का एक सरल मार्ग है।

इसी को और बढ़ाते हुए प्रारम्भ में गीतकार को भी वैसा करना चाहिए जैसा एक गायक को करना होता है।

जिस तरह गायक पुराने गीतों को गाकर अपने को निखारने हैं। उसी तरह गीतकार को भी प्रारम्भ में पुराने गीतों पर आधारित गीत, भजन अथवा जैसा उनका मन करे लिखना चाहिए। यहाँ यह ध्यान देने वाली बात है कि अपने शब्द पुराने गीतों के शब्दों से बिल्कुल भिन्न हों।अन्यथा इसे सुनने वाले पैरोडी कहने लगते हैं। आपके द्वारा सृजित नये शब्दों का गीत, एक संगीतकार को जब दिया जाता है तो वह उसकी नये तरीके कायाकल्प कर देता है। गायक जब उसे अपना सुर प्रदान करता है तो वह अजर-अमर हो जाता है।

एक उदाहरण मैं आपको देना चाहता हूँ मौ० रफी द्वारा गाया गीत **ये दुनिया ये महफिल मेरे काम की नहीं"** को नये शब्दों में मैंने जब ढाला तो शब्द इस प्रकार सृजित हो गये

"फिर जाने क्यों तेरी मुझे याद आ गयी" काफी प्रयास के बाद यह लाइन सृजित हुई। जो कि मूल गीत से बिल्कुल भिन्न रही। इस पर कोई भी संगीतकार और गायक अपने अनुसार कार्य कर सकता है।

गीतों में विविध प्रकार की भाषाओं का प्रयोग : -

सामान्यतः गीत को जब सृजित किया जाता है। एक ही प्रकार की भाषा का प्रयोग किया जाता है। हमारे देश के महानतम गीतकारों ने हिन्दी भाषा का इस क्षेत्र में बखूबी प्रयोग किया है। गीतकार आनन्द बक्षी ने अपने गीतों में जिस

गीत लेखन कैसे करें?

तरह सरल और कर्णप्रिय भाषा का प्रयोग जिस तरह किया है देखते ही बनता है।

गीतों को सृजित करते समय अन्य भाषाओं के सहयोग की भी आवश्यकता पड़ जाती है। ऐसे में अन्य भाषाओं के शब्दों को एडोप्ट किया जाता है। इनमें सर्वोपरि भाषा का नाम लिया जाये तो वह उड़्दू है। गीतकारों ने जब तब हिन्दी गीतों में उड़्दू भाषा के शब्दों का प्रयोग किया है। हिन्दी और उड़्दू दोनों भाषायें अब एक दूसरे की पूरक जैसी बन गयी हैं।

हिन्दी भाषा के गीतों में अब क्षेत्रीय व अन्य भाषाओं का प्रयोग भी बढ़ता जा रहा है। गीतकार आनन्द बख्शी चूंकि पंजाब से जुड़े रहे। आनन्द जी की पकड़ हिन्दी उड़्दू और पंजाबी भाषा में भी अच्छी थी। उनके अनेकों गीतों में पंजाबी भाषा का मेल भी सराहनीय है। फिल्म सोहणी महीवाल के गीत लिखने का भार आनन्द जी को केवल इसलिए दिया गया चूंकि फिल्म की थीम पंजाबी थी और आनन्द जी पंजाब से जुड़े थे।

इसी तरह गीतों में क्षेत्रीय भाषाओं का प्रचलन बढ़ता गया। गीतकार आनन्द जी ने एक गीत फिल्म "एक दूजे के लिए" में अंग्रेजी में भी लिखा। फिल्म की थीम ही कुछ तरह की थी। भाषा अंग्रेजी गाने का स्टाइल, संगीत सब कुछ हिन्दी की तरह का था क़ाबिले तारीफ है।

गीतकार आनन्द जी ने यह दो गाना बखूबी लिखा। नायक हिन्दी नहीं जानता और नायिका हिन्दी ही जानती है। **हम बने तुम बने एक दूजे के लिए।** do not know what you say गीत में हिन्दी-अंग्रेजी भाषा को मिलाकर एक नये तरह के गीत का सृजन, एक सुन्दर प्रयोग रहा।

भाषाओं का मिश्रण फिल्मी गीतों में बढ़ता जा रहा है। मिश्रण का प्रयोग अब इतना बढ़ गया है कि अब गीतों को सुना जाये तो समझना मुश्किल हो जाता है कि गायक कह क्या रहा है। कदम थिरकते हैं युवा वर्ग झूम-झूम कर आनन्द लेता है। सिनेमा के परदे पर ग्लैमर का तड़का रहता है। गीत के बोल क्या हैं, क्या थीम है, इससे कोई मतलब नही रहता और तो और पुराने गीतों को ग्लैमर के तड़के के साथ प्रस्तुत किया जाता है। लगता है हम उस पुराने गीत को भूल गये जो एक थीम पर लिखा गया था। इस तरह हम कुछ समय के लिए ख्याति अवश्य पा लें परन्तु इस क्षेत्र में अधिक समय तक वही टिक पाते हैं।

जिन्होंने स्वंय को इसके लिए तन-मन-धन से समर्पित किया है।

गीतों में तमाम भाषाओं का प्रयोग किया जाना उसकी श्रेष्ठता का द्योतक नहीं हैं। ऐसे-ऐसे शब्दो का प्रयोग जिनको जनसामान्य समझता ही नहीं है, प्रयोग कर लेना कोई बुद्धिमत्ता नहीं है। कितने ही साधारण भाषा में लिखे गये गीत आज भी लोकप्रिय हैं जैसे

आज मेरे यार की शादी है
बहारों फूल बरसाओ मेरा महबूव आया है

गीत लेखन ऐसा होना चाहिए जो हमेशा-हमेशा के लिये लोगों की जुवाँ पर अमर हो जाये।

शब्दों की खोज कैसे करें!

गीत लिखते समय शब्दों की खोज कर पाना काफी मुश्किल होता है। कभी-कभी एक-एक शब्द खोजने में ही घण्टों भी लग जाते हैं। फिर भी यह प्रयास अधूरा रह जाता है। इसके लिए मैंने एक नया प्रयोग किया शायद आपको पसन्द आये।

हिन्दी वर्णमाला में जो अक्षर होते हैं जैसे अ आ इ ई उ ऊ ए ऐ अं अः ...आदि। इसी तरह आगे भी जैसे क ख ग घ प फ ब भ...। इन सभी को याद रखना थोड़ा मुश्किल लगता है। जबकि अंग्रेजी वर्णमाला के 26 अक्षर A B C D E F G H I J K... को याद करना आसान लगता है। वर्तमान में भी बच्चों को हिन्दी अक्षरमाला भले ही न याद हो लेकिन... अंग्रेजी की A B C D... अवश्य याद रहती है। इसलिए आज आपको हिन्दी-अंग्रेजी के माध्यम से शब्द बनाना बताता हूँ। कैसे यह काम बहुत सरल सा लगता है।

उदाहरण के माध्यम से सीखते हैं। माना कि एक शब्द है 'राम'। इससे मिलते जुलते शब्द तलाश करने हैं। जैसे राम काम बाम गाँव...। अब देखिये हिन्दी अंग्रेजी फार्मूला कैसे शब्द खोजे जाते हैं। शब्द है राम... आगे के शब्द अंग्रेजी के माध्यम से -

A से जैसे आम

B से जैसे बाम भाम

C से जैसे चाम छाम या छाँव

D से जैसे दाम धाम

E से जैसे...

F से जैसे ... फाम फार्म

G से जैसे गाम गाँव

H से जैसे हाम हार्न

I से जैसे...

J से जैसे जाम झाम

K से जैसे काम खाम

L से जैसे लाम लॉग

M से जैसे माम माँग

N से जैसे नाम आदि-आदि

इसी तरह शब्दों को खोज लिया जाता है। इन्हीं शब्दों में सार्थक-निरर्थक का ध्यान रखकर एवं जो शब्द जहाँ अनुकूल लगे, उसका चुनाव कर लेना चाहिए। गीत लेखन में इस तरह से सामान्यतया शब्द खोजना एक श्रेष्ठ तरीका है।

गीतों के लिये शब्दों की खोज

भाग : - 01 एकल शब्द

यहाँ एकल शब्द से अभिप्राय केवल एक अक्षर जैसे बे से दे फे गे हे जे के ले में ने पे रे शे ते छे आदि।

यहाँ पर जो मिलते-जुलते शब्द इस प्रकार हैं जैसे ए जे के

जैसे एफ एच

जैसे-वी बी डी जी पी टी

यहाँ पर ये अक्षर दो अक्षर का रूप ले लेते हैं। जैसे-एल एम एन क्यू आर एस

जैसे-ओ यू

जैसे- आई वाई जेड

जैसे-डब्लयू एक्स

यहाँ पर C कुछ अलग प्रकृति का है। C सी सी

इसी प्रकार और एकल अक्षरों का प्रयोग होता है। जैसे -आ बा सा दा धा फा गा घा आदि।

ध्यान दें।

कुछ अक्षरों का उच्चारण करते समय मुंह खुला रह जाता है जैसे आ...

कुछ अक्षरों को उच्चरित करने में होंठ मिलाकर बोला जाता है जैसे बा भा पा फा द्रा धा

कुछ अक्षर जीभ के नीचे से बोले जाते हैं जैसे ना

इसी तरह उर्दू के कुछ आमअक्षरों जैसे ख़ क़ फ़ ग़ ज़ .... को बोलने का तरीका भिन्न है। इसी तरह से कविता श्रेणी के अनुसार ही प्रयोग करने चाहिए।

कविता और गीत लेखन में ये सब छोटी-छोटी बारीकियां बड़ा महत्व रखती हैं।

गीतों के लिए शब्दों की खोज

भाग-२

जिस तरह से हमने आम, बाम, छाँव, दाम, धाम... शब्दों को तलाश किया। इसी तरह हिन्दी और अंगेजी के सहयोग से और भी शब्दों को तलाश किया जा सकता है। उदाहरण से समझते हैं।

जिस तरह राम से मिलते-जुलते शब्द हमने सीखे। इसी तरह से और शब्दों को हम तलाशते हैं जैसे A+B -A+C- A+D- A+E आदि। शब्द बनेंगे -

आबआभआसआदआधआयआफआगआहआईआजआझआकआँ कआँखआमआल   आनआओआपआरआशआँत   आयुआवआक्षअक्षआज़ आदि। इनमें से भी हम सार्थक शब्दों का प्रयोग अपनी कविता/गीत के लिये कर सकते हैं। जहाँ कहीं भी हमें शब्द तलाशने में परेशानी लगती है हम इसी तरह से शब्द आसानी से थोड़े से प्रयास से ही ढूँढ सकते हैं।

शब्दों को तलाशने की यह विधि हमारे सामान्य ज्ञान और बोलचाल की भाषा से जुड़ी है। हिन्दी वर्णमाला और अंगेजी वर्णमाला का सहयोग मिलकर एक विशाल क्षेत्र बन जाता है। इसी तरह से बनने वाले शब्द आप अपनी नोट

बुक/डायरी/ मोबाइल में लिस्ट बनाकर रखें ताकि समय पड़ने पर आप तुरन्त शब्द तलाश कर लें"।

इसके अतिरिक्त भी जब कभी इस तरह के प्रोग्राम सुनें। ध्यान दें! रचनाकार ने अपने गीत/कविता में किस तरह शब्दों को पिरोया है। जहाँ कहीं आपको रचनाकार की खूबी नज़र आये उसे अपनी नोट बुक में नोट करें। चूंकि मैं यह एक सरल माध्यम आपको बता रहा हूँ शेष तो आप जैसे-जैसे इस क्षेत्र में काम करते जायेंगे आपको नयी-नयी जानकारियाँ मिलती जायेंगी।

इसी तरह के और शब्द भी आप नोट करते चलें जैसे-

बातें डाँटें काँटें लातें मातें रातें गाते आते जाते नाते लाते पाते आदि।

बैंया सैंया दैया गइया हैया~ मैया नैया पईयां सैंया शैय्या तइया छैया आदि

बिल सिल दिल गिल हिल मिल खिल रिल तिल दिल झिल मिल आदि।

बुआ दुआ हुआ जुआ कुंआ मुआ नुआ पुआ रूआ आदि।

यकीं हंसी नहीं वहीं कहीं वहीं यहीं सही दही रहीं आदि।

इसी तरह के और शब्द भी आपको बताता चलता हूँ जिनकी सूची मैंने गीत लेखन के प्रारंभिक दौर में बनायी थी-

जैसे- आ-रे बारे सारे चारे गा-रे हारे जा-रे जाड़े कारे मा-रे मारे ना-रे नारे पा-रे छा-रे

झोंका टोका तोड़ा जोड़ा धोखा होता नोंचा पोता रोता तोता सौदा पौधा रोंदा ये-क्या बोला शोला डोला गोला मौला रौला तौला

आल बाल साल चाल छाल दाल फाल गाल जाल झाल काल खाल लाल माल नाल पाल राल ताल

आला बाला भाला साला चाला डाला घाला गाला जाला झाला काला खाला लाला माला नाला पाला राला ताला टाला ठाला थाला हाला

अड़ बर सर चर डर धड़ फर गर घर हर जड़ जर झड़ कर खर लड़ मर नर पर पड़ फड़ शर तर तड़ वर छड़

बम सम चम छम दम डम फम ग़म हम जम झम कम मम नम पम रम

टम तम अन बन भन सन दन फन गन घन जन कन कण मन नन पन रन शन तन थन छन

आँत बात भात सात चात दाँत धात फात गात घात हाथ जात कात खात खाद खाप लात मात नात पात रात

आर बार भार सार चार छाड़ डार धार फार गार हार जार झाड़ कार ख़ार लार मार नार पार राड़ तार ताड़

इसी तरह कुछ और शब्द

आधा वादा सादा चांदा दादा फांदा ज्यादा कांधा लांचा मांगा ना-जा पा-जा राधा टांगा भाता दाता लाता माता नाता छाता आदि।

संगी जंगी कंची लुंगी नंगी रंगी तंगी बंशी पंछी बग्गी चंगी छंगी ढंगी बूटी सूटी चूटी ड्यूटी फूटी घुटी छूटी जूटी जूझी कूटी लूटी इूठी मूटी पूठी रूठी टूटी पूरी आदि।

ओ-री बोरी भोरी चोरी छोरी डोरी गोरी होरी जोड़ी कोरी कोड़ी लोरी मोरी पोरी सारी तोड़ी झोली रोड़ी छोड़ी आदि

आया बांया भाया साया छाया दांया फाया गाया जाया काया लाया माया पाया ताया आली बाली भाली साली चाली छाली डाली गाली हाली जाली झाली काली लाली माली नाली पाली राली टाली ताली वाली प्याली आदि

बुन सुन चुन धुन गुन घुन पुन्य कुन कुम मुन रुन तुन छुन गुम सुम अंग बंग भंग संग दंग चंग छंग जंग रंग तंग गंग बूर चूर हूर दूर सूर धूल भूल मूड़ नूर रूठ तूल फूल रूल शूल तूल चूल गूल मूल पूल सूझ बूझ टूट बह सह गह कह रह यह वह ढह तह वफ़ा सदा दगा ठगा जगा वज़ह लगा मंगा पगा झगा फिजा ख़िजा सजा रजा तजा भगा सगा अदा कता दुआ हुआ सिला जिला किला ग़िला दिला मिला पिला आदि।

सिया दिया दीया चीया हिया जिया किया लिया मियां पिया रिया तिया छिया अर्जी मर्जी गर्जी अली बली भली चली छली दली फली गली जली कली मली नली पली टली थली सिप छिप हिप जिप लिप निप लिख टिक बिक सिक

आप बाप भाप चाप छाप घाप जाप कांप माप नाम पाप शाप ताप ठाठ सांप झांप रात सांस दास पास रास हाथ होंठ रोज बोझ मौज कोख़ शोक ठोक भौंक चौंक छौंक जोक लोक नोंक रोक भले चले छले दले फले गले हिले किले बोनी सोनी धोनी गोनी होनी जॉनी कोनी लोनी मोनी पॉनी रोनी टानी शानी बोयी सोयी होई कोई लोई धोयी लोई पोयी रोयी

बेटा चेता छेता देता हेता क्रेता नेता लेता रेता एका सेका फेंका पैसा बोया सोया चोया छोया ढ़ोया फोया गोया धोया पोया रोया धागा फाका जागा कागा लागा बूझा सूझा दूजा पूजा ठूंसा झूठा रूठा टूटा बूटा लूटा छूटा बीत शीत गीत जीत क्रीत लीद नींद पीत प्रीत रीत बैंया सैंया दइया गैया हैया जईया कईया लईया मैया नैया पईया थैया खिवैया छैंया रुपैया आती बाती भाती साती चाहती छाती दाती गाती जाती काती खाती लाती माती नाती पाती घाटी माटी बाकी साकी चाकी झांकी काकी रॉकी आदि।

इसी तरह से दो अक्षर वाले और भी बहुत से शब्दों को तैयार करके हम सूची बना सकते हैं

गीतों के लिये शब्दों की खोज

भाग- 3

तीन अक्षर से शब्द बनाने का तरीका

अभी हमने देखा किस तरह एकल और दो अक्षर से शब्द बनाये जाते हैं। अब हम तीन अक्षर, कुछ भी रहें, उनसे कैसे शब्द बनाये जाते हैं। उदाहरण पहला अक्षर A या अ हो दूसरा B या ब तीसरा C अथवा स है तो पहला शब्द बन जाता है

A B C अर्थात अबस इसी तरह

गीत लेखन कैसे करें?

B B C अर्थात बबस इसी तरह

C B C अर्थात सबस इसी तरह

D B C अर्थात दबस इसी तरह

E B C F B C G B C और इसी तरह

H B C अर्थात हबस और इसी तरह

K B C अर्थात कबस या कवच आदि-आदि।

अपनी आवश्यकतानुसार सार्थक शब्द देखकर अपने गीत या कविता में प्रयोग कर सकते हैं। तीन अक्षर वाले शब्द अपनी कविता के अन्तिम शब्द के अनुसार तलाशने का प्रयास करने हैं जैसे सनम के लिए दूसरे शब्दः -

फिर वही तरीका

अनम बलम भरम चरम धरम फरम या फर्म गरम हरम जरम या जर्म करम मरम नरम परम शरम या शर्म आदि। देखिये कितने शब्दों को हमने बड़ी सरलता से ईजाद कर लिया।

और देखिए

अतन वतन सतन दतम फतन गतन हतन जतन कतन आदि जो सार्थक लगे वह प्रयोग करें शेष को भूल जायें।

शब्दों को तलाश करते समय कभी-कभी मुश्किलों का भी सामना करना पड़ जाता है। जब दूसरा वैकल्पिक शब्द नहीं मिलता है। ऐसे में हमें वहीं पंक्ति को बार-बार दुहराना पड़ता है। कहीं से कोई शब्द मिल जाये और यह प्रयास एक तपस्या से कम नहीं होता है। एक समय आ ही जाता है जब एक बेहतरीन शब्द हमारा मन मस्तिष्क खोज लेता है। इसी खोज का नाम ही लेखन है।

ये कार्य उतना सरल भी नहीं होता जितना दूसरे लोग सोचते हैं। मैं आपको इस लेखन में सरलता से आगे बढ़ने के तरीके बता रहा हूँ। शेष तो आप स्वंय अपना मार्ग खोजने में सक्षम हैं।

जैसे-जैसे हम आगे बढ़ते जाते हैं एक से दो, दो से तीन और फिर तीन से चार की तरफ जब बढ़ते हैं तो और थोड़ी मुश्किलें बढ़ती हैं। आईए इनसे भी हम कैसे सरलता से निपटते हैं।

शायर डायर फायर गाजर हायर कायर कायल लॉयर नायर घायल पायल रायल आंचल राजन साजन गाजन गायन पैजन यौवन दर्शन दर्पण आवन जावन पावन आंगन वामन पाचन आदि।

अगन शगुन छगन दमन गमन चमन मगन कंगन लगन संगम मंथन सजन वजन भजन नज़्म दशक ग़ज़ब अजब जबक झपक कसक अजब तड़क सजग लचक मचक समझ उलझ नरक अरक दरक फरक चरस अरश(अर्श) फरश(फर्श) गरज सरल अजीब सजीव करीब खरीफ मुरीद जरीफ़ रक़ीब हबीब रफ़ीक गरीब संगीत आदि।

अरसे बरसे चरखे दरके फड़के कड़के लड़के पड़ के फड़के सरके तड़के तड़पे जलते चलते फिरते छलते दलते ढलते खलते जलते मलते टलते हिलते डुलते अल्ले बल्ले सल्ले गल्ले हल्ले जल्ले फल्ले अम्बे चम्बे छम्बे हम्बे खम्भे लम्बे लल्ले छल्ले अमीन हंसीन जमीन चमेली अकेली सहेली पहेली सौतेली आदि।

बिजली जिगरी किगड़ी सिगरी अहर अगर बहर सहर जहर क़हर लहर महर नेहर नहर पहर शहर ठहर डगर उमर नगर मगर सफर सूरत मूरत सलाम कलाम गुलाम ईनाम पयाम हराम वीरान औकात सौगात आस्था वास्ता रास्ता काटता नापता लापता अलम बलम भरम चरम शरम धरम फरम गरम हरम कदम सहन रहन जनम करम दफन कफन चमन मिलन

जख्म रहम आदि।

अंखियों सखियों कलियों नदियों परियों लड़ियों छड़ियों छुरियों दूरियों चूड़ियों गलियों गजरे कजरे नजरों सड़कों जलवों आरजू गुफ़्तगू दूर-तू रंग-भू सेशन फैशन जश्न वीराना सिरहाना बुझाना हराना याराना पुराना निशाना जमाना जलाना सजाना बसाना फ़साना हंसाना लगाना मंगाना तराना आजादी बजा-दी सजा-दी लगा-दी भगा-दी असूल वसूल रसूल अमूल अटके भटके चटके चढ़के सटके डटके फटके लटके झटके घटके हटके गटके कटके मटके पटके छंटके छटके रटके तटके हलके जलवे पलकें छलके आदि।

आहत आहट चाहत राहत नाहक बाबत आवत गावत जावत फाटक बजाया सजाया भगाया बिठाया बसाया चेताया दिखाया हिलाया मिलाया रिझाया सिखाया रिझाया सुलाया जलाया लगाया जगाया मंगाया समाया चलाया सहारा

गंवारा संवारा दोबारा हमारा तुम्हारा गुजारा नजारा चौबारा

साहिल दाख़िल फ़ाजिल काबिल ग़ाफ़िल क़ातिल क़ातिब मंजिल मुश्किल हासिल फ़ाजिल ज़ाहिल ना-हिल संभाला दीवाला हवाला हलाला जयमाला बाबरी साबरी लाटरी दाँव-री छाँव-री गाँव-री पादरी नाव-री पावरी राबड़ी झरोखा सरौता परोसा भरोसा झरोखा ना-रोका ना-सोचा फासला लापता गादला हौंसला घोंसला चोंचला नोंचला लौटआ ये-सिला ये-गिला भूलजा नाख़ुदा बदर उतार दुलार पुकार उधार बीमार तीमार आदि।

इसी तरह से बहुत से शब्दों को ईजाद किया जा सकता है। पुनः *स्मरण रहे कि सार्थक शब्दों का ही चयन करें

गीत लेखन में शब्दों की खोज

चारअक्षर से उभरते शब्द

भाग-04

चार अक्षर से शब्द बनाने का तरीका

शब्दों की खोज का सिलसिला धीरे-धीरे आगे बढ़ता जाता है। शब्द खोजना मुश्किल होता जाता है। यहाँ से प्रारम्भ होता है हमने स्कूल में क्या सीखा, क्या पढ़ा, क्या समझा और उसका जीवन में किस तरह उपयोग किया।

गीत लेखन में चार अक्षर से शब्द बनाना अर्थात वे चार शब्द कुछ भी हो सकते हैं। उदाहरण से समझने का प्रयास करते करते हैं : -

A+B+C+D अ ब स द सार्थक शब्द अवसर ऐसे ही अवसर, बचकर, सजकर, डटकर, ई... फटकर, गटकर, घर-कर, हर कर, आई..., जमकर, कटकर, लश्कर, मतकर, नटवर, ओ..., पटकर, क्यू..., रटकर, सटकर, तटपर, यू... आदि-आदि शब्द हमने हिन्दी-अंग्रेजी के सहयोग से बनाये।

अंग्रेजी-हिन्दी के मिश्रण की कल्पना का एक उदाहरण और समझिए। माना शब्द "**समझना**' है और इससे मिलते-जुलते शब्द हमें तलाशने हैं। कैसे तलाशोंगे, प्रयास करते हैं। "**समझना**" वही तरीका A से शुरू करते है -

अमझना, बमझना, चमकना, दमकना, ई..., फटकना, गमकना, घमकना, हमकना, जमकना, झपकना, कमकना, लमकना, मटकना, नमकना, ओ... पटकना, क्यू..., रपटना, सरकना, तड़कना, तड़पना, यू... आदि। इनमें से हम सार्थक शब्द जैसे-चमकना, दमकना, फटकना, झपकना, मटकना आदि को अपने गीत/शायरी में आवश्यकतानुसार प्रयोग कर सकते हैं।

कुछ शब्दों का प्रयोग कुछ अलग तरीके से भी किया जा सकता है। जैसे: - नमक ना, समझ ना, पलट ना, गलत ना, सरक ना, दमक ना, आदि। शब्द वही लिखने का स्टाईल क्या बदला अर्थ ही बदल गया।

इसी तरह लिखते समय भी बड़ा ध्यान रखना पड़ता है। जैसे- एक शब्द है, दिल्लगी- मिलाकर लिखा तो दिल्लगी अर्थात् हंसी-मजाक और स्थान छोड़कर लिख दिया अर्थात् दिल लगी तो अर्थ ही बदल गया अर्थात् दिल की लगी, जुनून।

इसी तरह शब्द बनाये जाते हैं और उनका प्रयोग उनका अर्थ समझकर किया जाता है। चार अक्षर देखने में मात्र चार लगते हैं परन्तु इनसे न जाने कितने ही शब्द बनाये जा सकते हैं। कुछ ज्ञान, कुछ सामान्य ज्ञान और कुछ दिल, क्या कहता है, सब मिलाकर कुछ नया करना ही हमारी सकारात्मक सोच का नया रूप है।

चार अक्षर वाले और शब्द अदालत अदाबत इनायत शिकायत हिमायत जलालत कयामत नज़ाकत इबादत सहादत मुहब्बत सलामत शरारत बगावत शराफत रबायत रियासत तिजारत उल्फत किस्मत हिक्मत जज्बात लम्हात हजरात हमराज यमराज दमसाज दिलशाद परवाज

बगबान भगवान पहचान हम नाम

गुमनाम बदनाम अन्जाम अन्जान खुलेआम क़त्लेआम इंतकाम इंतजाम इम्तहान अरमान फरमान कुरबान बरसना बहकना सरकना धड़कना लरजना पनपना रपटना तड़पना छलकना चमकना दमकना झलकना महकना लहकना

दहकना चहकना अकड़ना झगड़ना रगड़ना बिगड़ना उजड़ना गुजरना सुधरना लाजबाब आफताब माहताब इंतख़ाब माहेताब

इक़रार बेक़रार छायीबहार इंतजार तुझे-प्यार ऐतबार ये-क़रार तुझे-प्यार दिलदार राजदार गहराते लहराते पहनाते रह-जाते कह-जाते सह-जाते कह-पाते ये-रातें ये-बातें जादूगर बाजीगर वादा-ही-कर मजबूर मशहूर मग़रूर मन्जूर खजूर मनसूब लंगूर कसूर तैयार मजमून रंगून ले-मशाल बेमिसाल सिलसिला मल्लिका आदि।

मुरलिया छलिया रसिया बिन्दिया अंगिया जांचिया तकिया पायलिया बजरिया नजरिया नथनियाँ दुल्हनियां बहनियाँ सिपहिया कोयलिया सजनिया उमरिया डगरिया सांवरिया गुजरिया अन्दाज अल्फ़ाज नाराज उल्फत रुख़सत किस्मत पर्वत करवट शरबत जमघट पनघट सरपट संगम सरगम चिलमन तुम-हम हमदम छम-छम खन-खन तन-मन झिल-मिल दीवाना परवाना शरमाना मयखाना समझाना तड़फाना आदि।

अंगड़ाई तन्हाई गहराई रुसबाई फड़काई छलकाई सरकाई घबराई तड़पायी समझाई लहराई पहनाई शहनाई याद-आई बरसाई मुस्काई चली-आई सरकाये सठियाये फड़काये हड़काये घबराये झगड़ाये पकड़ाये रपटाये छलकाये आशियाना आशिकाना क्या-ठिकाना ढूँढ-लाना शमियाना कातिलाना है-जमाना

आशिक़ी दिलक़शी महजबी चौदहवीं दिल्लगी दिल-लगी बन्दगी जिन्दगी खुदकुशी हरखुशी जीते-जी ग़म-कभी संवारती दुलारती नकारती पुकारती ये आरती ये दोस्ती

भाग-5

पांच अक्षर से शब्द बनाने का तरीका

पांच अक्षर से बनने वाले शब्द यूँ तो अनेकों हैं। लेकिन हमें गीतों में प्रयोग आने वाले शब्दों के विषय में जानना है। बचपन में पढ़ाया जाने वाला विषय सन्धि विच्छेद यहाँ काम आता है। यहाँ सन्धि विच्छेद से तात्पर्य यह है कि जब

पांच अक्षर वाला एक शब्द न मिले तो हमें दो अलग-अलग शब्दों को जोड़कर शब्द नया शब्द बनाना होता है। जैसे- तुझे+प्यार खामो+ख्वाही आदि।

कुछ पांच अक्षर वाले शब्दों से आपका परिचय कराता हूँ जो अधिकांश प्रयोग में लाये जाते हैं जैसे-

इन्तजार तलबगार सितमगर मुकद्दर समुन्दर छूमन्तर दुनियादारी वाहवाही इन्तजारी तहबाजारी ईमानदारी रिश्तेदारी बरखुरदारी तरन्नुम तबस्सुम आदि।

गीतों में सामान्य शब्दों का प्रयोग

सामान्य तरह के सरल शब्दों का प्रयोग करना गीतों की लोकप्रियता को बढ़ाता है। गीतों के लिये यूँ ही शब्दों की सूची बनाकर हम चलें तो गीत लेखन सरल हो जाता है।

कविता व गीत का तुकान्त व अतुकान्त होना

गीत/कविताओं को लिखने वाले निराले होते हैं और पढ़ने सुनने-वाले, उन्हें निराला बना देते हैं। क्या यह हर कवि या कलाकार के बस की बात है कि वह किसी गीत या कविता का उसकी पूरी गरिमा के साथ पाठ कर सके !

गीतकार के गीतों पर होंठ हिला देना और बात है और कविता पढ़ना और। तिस पर गैर-फिल्मी कवियों की कविताओं को फिल्मों में गीतों की तरह इस्तेमाल करना एकदम ही अलहदा चीज है।

आज के हिसाब से देखें तो कविता को किसी धुन पर फिट करना अब थोड़ी मुश्किल बात हो गई है, क्योंकि आजकल कवि, कविताओं के तुकांत होने को उसकी विशेषता नहीं मानते हैं। अब बोल मन के भावों के हिसाब से लिखे जाते हैं।अभिनेता भी कविताओं के प्रति उत्साह सिर्फ इसलिए दिखाते हैं ताकि दर्शकों को अपनी बुद्धिजीविता से प्रभावित कर सकें।

इसलिए कभी-कभार कोई कविता पढ़ता-सुनाता हुआ दिख जाता है। यहां पर सवाल यह है कि क्या यह हर अभिनेता के बस की बात है कि वह कविता पाठ कर सके, और ऐसा करते हुए उसकी गरिमा और भावार्थ के साथ न्याय भी करे ?

सबसे पहले जो याद आती है वह पाकिस्तान के मशहूर कवि फैज अहमद फैज की एक उतनी ही मशहूर नज्म है – 'मुझसे पहली सी मोहब्बत, मेरे महबूब न मांग.' इसे बहुत खूबसूरती के साथ जोहरा सहगल ने पढ़ा है. इस नज्म को पढ़ने की शुरूआत जोहरा बेहद रूमानी और नर्म अंदाज में करती हैं लेकिन आगे बढ़ते ही कविता में शामिल जुनून और निडरता को भी बखूबी अपने शब्दों में उतारती हैं। वे न केवल इस कविता की रूमानियत को बरकरार रखती हैं बल्कि वह प्रभाव और शब्दों का पैनापन भी उसमें लाती हैं जो फैज ने उसे लिखते हुए दिया होगा।

जोहरा इसे पढ़ते हुए अपने अभिनय के जौहर का नजारा भी बखूबी देती हैं। तभी उनकी आवाज के उतार-चढ़ाव में आप जाने कितने बिछड़े प्रेमियों के दर्द को महसूस कर पाते हैं. यह जानदार और शानदार कवितापाठ की मिसाल

है।

अपने कम्युनिस्ट विचारों के लिए फैज को जेल तक जाना पड़ा और वहां से लौटने के बाद उन्होंने कविता लिखना शुरू किया। उनकी इस कविता को सबसे पहले नूरजहां ने कंपोज किया और गाया। बाद में सन 1962 में फिल्म कैदी में यह गीत इस्तेमाल किया गया था। इस कविता का एक संस्करण खुद फैज की आवाज में भी उपलब्ध है.

वैसे तो फैज बहुत से कलाकारों के पसंदीदा रहे हैं लेकिन यहां पर शंकर-जयकिशन के संगीत निर्देशन में बने एक गीत 'रात यूं दिल में तेरी' (जानवर-1965) का जिक्र होना चाहिए. यह गीत असल में मोहम्मद रफी और आशा भोसले की (गाई नहीं) संगीत के साथ गुनगुनाई हुई रुबाइयां हैं. फिल्म के आइडिया से यह कविता थोड़ी बेमेल है हालांकि जिस सिचुएशन में यह फिल्माई गई है, एक बेहतरीन रूमानी गीत बन गई है।

हरिवंश राय बच्चन की 'मधुशाला' भी रुबाई शैली में लिखी हुई कविताए हैं जो फारसी कवि उमर खय्याम की रुबाइयत से प्रेरित भी हैं। मन्ना डे ने भी 1973 में 'मधुशाला' शीर्षक से ही बने एक एल्बम के लिए इनका वाचन किया था। हरिवंश राय के बेटे और बॉलीवुड के सुपरस्टार अमिताभ बच्चन भी अक्सर स्टेज पर 'मधुशाला' की पंक्तियां सुनाते ही रहते हैं। यहां उनके साथ उनका परिवार कविताएं सुनाते हुए देखा जा सकता है।

आधुनिक समय में कुछ कवि/गीतकार अतुकान्त कविता को भी गीत के अंदाज में इस तरह प्रस्तुत करते हैं कि मानों हम गीतों की दुनिया में ही खोये हैं।

गीत लेखन कैसे करें?

संगीत अथवा संगीतमय संकेत के माध्यम

समय-समय पर गीतों के लेखन से पूर्व उसका म्यूजिकल ट्रेक हमें दे दिया जाता है। फिल्म का निर्माता चाहता है उसके अनुसार ही गीत लिखा हो। इसके लिये वह पहले संगीतकार से सम्पर्क कर लेता है।

संगीतकार की सुर लहरियां उसने मन को छू जाती हैं। वह चाहता इस धुन पर कोई गीत लिखा जाये इसके लिये वह गीतकार को आमन्त्रित करता है और उससे गीत लिखने को कहता है।

यहाँ पर आकर गीतकार के भी टेलेन्ट की परीक्षा होती है। अतः एक सफल गीतकार को संगीत सुनने और उसके आधार पर गीत सृजन करना आना चाहिए।

मुझे जब फेस बुक काव्यांचल ग्रुप के द्वारा जज चुना गया और नवोदित गीतकारों का सृजन मेरे सामने आया, मुझे उनमें बहुत सारी ख़ामियाँ नज़र आयी। मैंने उन पर अपनी टिप्पणियों के माध्यम से उन्हें सुझाया भी, कहाँ क्या हो सकता है ?

जब इन सृजनकारों को संगीतमय माध्यम/संकेत दिया गया तो अधिकांश की समझ में आया ही नहीं, कैसे लिखना है। कुछ ने ही ने इसको समझने का प्रयास किया और उसके अनुसार लिखा।

मैंने एक जज के तौर पर आकलन किया तो मुझे लगा कि इन्हें मार्गदर्शन की आवश्यकता है। अतः एक गीतकार बनने के लिये संगीत की समझ होना चाहिए। इसके लिए हमें संगीत सुनना चाहिए और उसके अनुसार अपनी कलम चाहिए।

आधुनिक दौर के ग्लैमरस, भड़काऊ और चलताऊ गीतों ने हमें भटका दिया है। जहाँ देखो वहीं ये संगीत हमें सुनने को मिलता है। किसी भी तरह की पार्टी में युवाओं को वही थिरकने वाला संगीत चाहिए। जिसमें न गीत का कोई महत्व होता है, न ही उसकी कोई थीम न ही उसका कोई सिर पैर नजर आता है। स्थायित्व नाम का उसमें कुछ नहीं दिखता। इसीलिए इस तरह का गीत संगीत

कुछ समय चलकर गायब हो जाता है।

हमें अपने पूर्व काल के गीतकारों और संगीतकारों द्वारा तैयार किये गये गीत-संगीत को सुनना चाहिए। कितने प्रयासों से उन्होंने एक-एक शब्द संजोया होगा और फिर उसे एक गीत की शक्ल प्रदान की होगी।

संगीत अर्थात् पुराने गीतों को सुनकर उन्हें अपने विचारों के साथ गीत की शक्ल देना इसकी पहली कड़ी है। जब आप अच्छा संगीत सुनते हैं तो वह लम्बे समय तक के लिये हमारे जहन में टिका रहता है।

मशहूर गीतकार गुलशन बाबरा ने आकाशवाणी से एक साक्षात्कार के दौरान कहा कि पहले संगीत ऐसा होता था कि उससे सुनते-सुनते छोटे बच्चे सो जाते थे। माँ की लोरी में भी एक संगीत होता था। "चन्दा मामा दूर के पुए पकावें बूर के " आज भी जवां पर याद है। छोटे छोटे बच्चों द्वारा गाये जाने वाले टेसू गीत जिन्हें हम न जाने कब से सुनते चले आ रहे हैं। सामूहिक रूप से गाये जाने पर संगीत का एहसास कराता है। गीतकार बाबरा कुम्भकर्ण का जिक्र करते हुए कहते हैं कि आजकल का संगीत ऐसा होता जा रहा है कि गहरी निद्रा में सोये हुए कुम्भकर्ण को भी जगाया जा सकता। एक गीत में तो ऐसा कहा गया गया है कि "म्युजिक बजेगा लाउड तो मीरा नाचेगी" क्या जरूरी है म्युजिक लाउड ही हो।

समाज में रहकर हमारी कला केवल पैसा कमाने का माध्यम न बनकर रह जाये बल्कि एक इतिहास बनें। इसलिए मधुर से मधुर मेलोडियस संगीत सुने और स्वंय भी कुछ नया करने/लिखने का प्रयास करें।

रिदम का प्रयोग

कहते हैं प्रकृति के कण-कण में संगीत है। हवाओं में संगीत, घटाओं में संगीत, फ़िजाओं में संगीत, पानी में संगीत, चलते-फिरते वाहनों का संगीत, आती-जाती बहारों में संगीत, पशु-पक्षियों, नवजात शिशुओं का अद्भुत संगीत, यहाँ तक कि दुनिया का कोई भी अजूबा बिना संगीत के अधूरा है।

हमारे आविष्कारकों ने अपने नये-नये प्रयोगों के माध्यम से तरह-तरह के संगीत को इलैक्ट्रोनिक वाद्य यन्त्रों में संजोया है। हजारों तरह के वाद्य यन्त्रों की आवाज जैसे हारमोनियम, सन्तूर, गिटार, इलेक्ट्रिक गिटार, सितार, बांसुरी, बेन्जो, सेक्सोफोन, शहनाई, ट्रंपेट आदि को एक ही जगह एकत्र कर दिया है।

अब एक ही "की बोर्ड" पर सब उपलब्ध हैं। ठीक इसी तरह रिदम जैसे- ढोलक, तबला, नाल, मृदंग, आदि एवम् अनेकों तरह की आवाजें। बादल के गरजने की आवाज, घुंघरू की आवाज, पायल की छम-छम, चूड़ियों की खन-खन, यहाँ तक कि दिल की धड़कन को भी इसमें सुना सकता है।

अपने नवोदित सृजनकारों से मेरे कहने का अभिप्राय यह है कि हमें संगीत के स्वरों को शब्दों में ढालना है। पायलिया के स्वर को छम-छम, चूड़ियों के स्वर को खन-खन, पानी के स्वर को कल-कल की तरह शब्द प्रदान किये हैं। संगीत को समझ कर लिखना, रिदम पर लिखना कहलाता है।

यह भी एक प्रकार की कला है और इस कला में पारगंत होने के लिये भी बहुत कुछ सीखने की आवश्यकता है। ग़ज़ल लिखने के लिए हमें धीमे या मध्यम संगीत जैसे तबला के संगति की जरूरत है।

इलेक्ट्रोनिक वाद्ययन्त्र पर हमें तबला रिदम खोजनी पड़ेगी। जब रिदम हमारे साथ चलती है तो लिखना सरल हो जाता है। ध्यान रखें इलेक्ट्रोनिक वाद्ययन्त्रों का प्रयोग करते समय हमें स्वयं को उसके नियन्त्रण में रखना है। रिदम धीमी है और हम तेज गा रहे हैं अथवा रिदम तेज है और हम धीमे गा रहे हैं इसमें तालमेल रखकर आगे बढ़ना है।

रिदम हमें अपने लक्ष्य से बांधे रखती है। वे कलाकार जो इन वाद्ययन्त्रों को

बजाना सीख लेते हैं। उनके लिये गीत लिखना सरल हो जाता है। अपने सृजन को इस पर गाकर और रिदम भी उसके अनुरूप सेट कर गीत तैयार कर आप भी एकाकी संगीतकार बन सकते हैं।

समय ने जिस तरह करवट ली है उसके अनुसार अब एक ही व्यक्ति काफी कुछ कर सकता है। अब पुराने समय की तरह पचास से सौ-सौ म्युजिसियन की आवश्यकता नहीं। गिनती के कुछ कलाकार ही मिलकर इस प्रोजेक्ट को अंजाम दे सकते हैं और दे रहे हैं।

मैं यदि यह कहूं कि मेरे गीत सृजन का आधार ही संगीत है तो अनुचित न होगा। मैं जब स्वयं गीत रचता हूँ तो पहली लाइन पर ध्यान फोकस करता हूं। उसकी धुन जो भी मेरे मन में आती है सोचता हूँ कि किसी पुराने गीत से मेच तो नहीं कर रही है। फिर इसके एक-एक शब्द को संगीत की सुर लहरी पर उतार कर देखा जाता है। जैसे कुम्हार मिट्टी को चाक पर रखता है।

प्रक्रिया धीरे-धीरे आगे बढ़ती है। सोचना पड़ता है कि इस गीत पर कौन सी रिदम फिट बैठेगी। कई तरह की रिदमों को सुनकर इस नतीजे पर पहुंचा जाता है कि हाँ! यह रिदम हमारे गीत के लिये ठीक बैठेगी। यूँ तो इलेक्ट्रोनिक वाद्ययन्त्रों में बहुत से वाद्य यन्त्रों की आवाजें होती हैं परन्तु यह हमें निर्धारित करना है कि हमारे गीत के हिसाब से कौन सा वाद्ययन्त्र उचित रहेगा।

उदाहरण से समझता हूं एक पुराना गीत है: -

"छू लेने दो नाजुक होंठों को
कुछ और नहीं है जाम हैं ये
कुदरत ने जो हमको बख्शा है
वो सबसे हंसी ईनाम है ये"

इस गीत में संगीतकार ने संतूर वाद्ययन्त्र का बखूबी प्रयोग किया है। इसी तरह कहीं बांसुरी, कहीं हारमोनियम, कहीं सितार, कहीं गिटार पर हमें हमारे गीत के शब्द मेच करते मिलेंगे। इस प्रकार वाद्ययन्त्र की मदद ले हमें अपने रचे जाने वाले गीत की मेलोडी को तय करने का मूड बनाना है।

जब हम अपने गीत के अनुसार रिदम वाद्ययन्त्र की आवाज सेट कर लेते हैं, तब कम अभ्यास से ही शब्द तलाश में आ जाते हैं। इसमें भी आवश्यक नहीं हम अपने गीत को बहुत जल्द लिख पायेंगे। अभ्यास ही सफलता है और इससे पीछे हटे तो हमारी मेहनत पर पानी फिर सकता है।

जिस गीत की रचना के लिये आप कमर कस कर बैठे हैं उसे पूरा ही करके उठें। अन्यथा ये सब प्रक्रियायें आपके मस्तिष्क में जल्दी से दोबारा आने वाली नहीं हैं। जब अपने प्रयास से आप सन्तुष्ट हो जायें। आपको स्वंय लगे कि आपके द्वारा लिखा गया एक-एक शब्द इतिहास बनने के योग्य हो चुका है। आप भविष्य हेतु अपने मोबाइल पर इसको रिकार्ड कर सकते हैं। फिर आपको पुनः इतनी वर्जिश नहीं करनी पड़ेगी।

गीत लेखन में साधारण/इलेक्ट्रोनिक संगीत

सामान्य तौर पर कविता/शायरी करने वाले स्वंय की कल्पना के आधार पर अपने विचारों को कविता/शायरी का रूप दे देते हैं। होता भी ऐसा ही है प्रारम्भ के दिनों में हम यह एहसास ही नहीं कर पाते कि कविता/शायरी में संगीत का भी रोल होता है। कुछ कवि संगीत के नाम से ही दूर भागना चाहते हैं। उन्हें लगता है संगीत बेकार कबाब में हड्डी की तरह है। संगीत के स्वर उनके कानों में जैसे ज़हर घोल देते हैं।

मैं इस प्रकार के सम्मानित कवि/शायर बन्धुओं को अवगत कराना चाहूँगा कि संगीत कानों में ज़हर नहीं, मिस्री घोलता है। जहाँ एक कवि/गीतकार/शायर नहीं पहुँच पाता वहाँ संगीत पहुंच जाता है। वह खाली जगह (Fill in the gap) जहां तक पहुंचने में हमें काफी समय लगता है, उसकी पूर्ति बहुत कम समय में संगीत कर देता है।

संगीत एक मीटर है, पैमाना है, ऐसा माध्यम है जो हमें सही गलत की पहचान कराता है। किसी भी प्रसिद्ध गीत के शब्दों में परिवर्तन कर गाने का प्रयास करके देखिए आप स्वयं जान जायेंगे।

जहाँ तक इलेक्ट्रोनिक संगीत का प्रश्न है। इलेक्ट्रोनिक संगीत अर्थात् वे आधुनिक वाद्य यन्त्र जिनमें आधुनिकता का पुट है। बिजली द्वारा चालित होते हैं। ऐसे वाद्य यन्त्रों में अनेक प्रकार की आवाजें एवम् स्टाइलों (रिदम) का समावेश होता है। तमाम तरह के वाद्य यन्त्रों की आवाजें पलक झपकते ही बदल जाती हैं। जैसे हारमोनियम, गिटार, सितार, सन्तूर, बैंजो आदि-आदि। इसी तरह रिदम भी जैसे तबला, कहरवा, ढोलक, ग़ज़ल टोन, रुपक टोन आदि।

इसमें इसको प्ले करने वाला सब कुछ एडजस्ट करके काफी कुछ कर सकता है।

यहाँ पर गीत लेखन में भी यह उल्लेखनीय है। हम किस तरह का गीत सृजन करने जा रहे हैं। मसलन ग़ज़ल, भजन, कव्वाली, सेड साँग, रोमेंटिक सांग आदि। हम उसी तरह की स्टाइल (रिदम) चुनकर सेट कर संकते हैं और अपने मक़सद को लेकर आगे बढ़ सकते हैं।

ये हमारी कल्पनाओं की शत-प्रतिशत पूर्ति तो नहीं पर पाता परन्तु हमें अपने लक्ष्य से बांधे अवश्य रखता है। गीत लेखन में यह बहुत सहायक होता है। जैसा मूड होता है वैसी रिदम चुनकर हम सृजन में आगे बढ़ जाते हैं। गीतकार अपने अगले प्रयास के लिये वैरायटी बदल कर अलग तरह का सृजन कर सकता है। समाज में जिस तरह का आधुनिक वाद्य यन्त्रों का बदलाव हुआ है हम भी उससे अछूते रह पायें ऐसा सम्भव नहीं है।

प्रस्तुतिकरण कैसे सीखें

गीत लेखन विधा में अपने स्वरचित गीत को कैसे प्रस्तुत किया जाये? इसके लिये मैं आपसे अपने अनुभव शेयर करना चाहता हूं।

पहली बार जब एक कलाकार स्टेज पर पांव रखता है, उसे घबराहट होती है। पैर लड़खड़ाने लगते हैं। जुवां सूख जाती है। चार लाइनें पढ़ना भी मुश्किल लगता है। इसमें घबराने जैसी कोई बात नहीं है।

नवोदित गीतकारों को कुछ ऐसी बातें बताने का मेरा मन है जो मेरे साथ गुजरा है। पहली बार में हमने जो भी लिखा है, बेहतर होगा कि हम अपना सृजन, आइने के समक्ष, स्वंय को खड़ा करके पढ़ें। आप स्वंय एक कलाकार और आपका अक्ष एक श्रोता एक दर्शक। आपको स्वंय महसूस होगा कि आप कैसी परफोरमेन्स दे रहे हैं। अपनी प्रतिभा को निखारने की दिशा में यह सबसे पहली सीढ़ी है।

गीत गायन के लिये हम कहीं भी प्रशिक्षण ले सकते हैं। कहीं से शास्त्रीय संगीत की जानकारी ले सकते हैं, तो बहुत ही अच्छा है। आप ऐसा नहीं भी कर पाते हैं तो भी मायूस होने की या दिल छोटा करने की कोई आवश्यकता नहीं है।

हमारे बहुत से गायक और संगीतकार ऐसे भी हुए हैं और अभी भी हैं। जिन्होंने शास्त्रीय संगीत की जानकारी न होते हुए भी एक से एक बेहतरीन गाने हमें दिये हैं।

एक गीतकार को गाना आना इसलिए जरूरी है चूंकि हम जब तक अपनी कला को दूसरे के समक्ष दुरुस्त तरीके से नहीं रख पाते तब तक अपने हुनर को साबित करने का हमारे पास माध्यम नहीं है।

इसके लिए जहाँ तक प्लेटफार्म/मंच जुटाने का प्रश्न है उसके लिये कुछ ज्यादा करने की जरूरत नहीं। जी हाँ! इसके लिये हमें नुक्कड़ कार्यक्रमों से जुड़ना होगा। जो कि हमें हमारी पहचान बनाने एवं अपने हुनर को निखारने में मददगार साबित होगा।

ये कार्यक्रम हो सकते हैं जैसे शहर में होने वाली सुन्दरकाण्ड पाठ के

आयोजन, बाला जी दरबार के आयोजन, नगर में साहित्य की संस्थाएं, कला मंच आदि। आप अपने स्वरचित भक्ति गीत, सामान्य व फिल्म टाइप गीत इनमें बिना किसी शुल्क, बिना किसी खास परेशानी अथवा बिन हिचकिचाहट सुनाकर या गाकर इनसे जुड़ सकते हैं।

इस तरह के कार्यक्रमों में जाकर आपको अपनी पहचान बनाने का एक माध्यम मिलेगा। मंच जैसे भी हो छोटा या बडा या बहुत बड़ा मंच होता है। जैसे बड़े बड़े क्रिकेटर भी नुक्कड़, गली मौहल्लों में ही बल्ले के जौहर दिखाकर राष्ट्रीय और अन्तर्राष्ट्रीय स्तर तक पहुंचे हैं।

मैं स्वंय जब इस क्षेत्र में आया, मैंने कविता सृजन तो सीखा परन्तु मैं अपनी इस लेखन को किसे सुनाऊं? इसके लिये अपने शहर के सांध्यकालीन समाचार पत्र **दशानन** का सहारा लिया। इसमें सप्ताह में एक बार शेरो शायरी का एक पेज प्रकाशित होता था। हर सप्ताह एक नया टापिक दिया जाता था और सम्पादक उसमें से चयनित चार पंक्तियों को प्रकाशित भी करते थे।

सर्वश्रेष्ठ चार पंक्ति/शेर/मुक्तक लिखने वाले का नाम अगले सप्ताह में प्रकाशित किया जाता था। नवोदित सृजनकारों के लिये यह एक अच्छा टॉनिक का काम करता था। जब चार लाइनों के लिखने का ख़ासा अभ्यास हो गया। मेरे मन भी विचार आया क्यों न मैं गीत लिखूं और मैंने गीत लिखने का सिलसिला शुरु किया। समाचार पत्र में मेरे गीत भी प्रकाशित होने लगे। मुझे अच्छा लगा। एक नुक्कड़ जैसा प्रयास सभा में बदलने लगा।

वास्तव में इस क्षेत्र में आगे बढ़ने का यही माध्यम है। हम कुछ लेखन के पश्चात ही स्वयं को राष्ट्रीय या अन्तर्राष्ट्रीय स्तर का समझने लगें यह हमारी सबसे बड़ी भूल होगी। किसी भी कलाकार के मन में इस तरह की भावना उसमें अहंकार को जन्म देती है। यह अहंकार ही हमारा सबसे बड़ा शत्रु है।

शहर में होने वाले बाला जी दरबार के कार्यक्रमों में मैं जाने लगा। जहाँ मैं स्वरचित भजन, आयोजकों की संगीतमय टीम के साथ के प्रस्तुत करने लगा। प्रारम्भ में कुछ अजीब सा लगा परन्तु धीरे-धीरे मेरा मनोबल बढ़ता गया। मुझ में एक से दो भजन सुनाने का साहस आ गया। इधर मेरी स्वरचित रचनाओं का भण्डार बढ़ने लगा (चूंकि मैं हर बार नया भजन सुनाता था) दूसरे मुझे अपने गीत दूसरों के समक्ष प्रस्तुत करने का हुनर भी थोड़ा-थोड़ा आने लगा।

समसामयिक विषयों पर गीत

गीत लिखने का यूँ तो विषय निर्धारित भी है और नहीं भी। समय-समय पर सामयिक घटनायें हमारे लेखन का माध्यम बनती रहती हैं। जैसे नववर्ष, छब्बीस जनवरी, दीपावली, दशहरा, होली, पन्द्रह अगस्त, जयंतियाँ, विविध तरह के आन्दोलन, रेलियाँ, अनेक मांगलिक अवसर, जैसे-विवाह, जन्म दिन, आदि-आदि।

राजनैतिक हलचलों पर गीत लिखना, बच्चों के तरह-तरह के कार्यक्रमों, वार्षिक सम्मेलनों पर गीत, शहीदों के नाम पर संध्या के लिये आदि, गीतों के विषय हो सकते हैं। अच्छा भी लगता है समसामयिक विषयों पर लिखना और सुनाना।

जहाँ तक मैंने अनुभव किया हैं समसामयिक विषयों पर किये गये लेखन की आयु सीमित अथवा केवल उस अवसर विशेष तक सिमट कर रह जाती है। मैं ऐसा नहीं कहता कि इन विषयों पर न लिखा जाये। इन विषयों पर लेखन के लिये भी कुछ ध्यान रखने योग्य बातें हैं जिन्हें जानना जरूरी है।

राष्ट्रीय पर्वों जैसे छब्बीस जनवरी, दो अक्तूबर या पन्द्रह अगस्त पर लिखने जा रहे हैं तो इन विषयों पर अध्ययन करें छब्बीस जनवरी के मनाने के पीछे क्या उद्देश्य रहे हैं। दो अक्तूबर को महात्मा गांधी और लाल बहादुर शास्त्री की जयन्ती होती है इन लोगों के क्रियाकलापों पर अध्ययन करें।

इसी तरह पन्द्रह अगस्त हमारी स्वतन्त्रता का प्रतीक। आजादी के लिए किन-किन मुख्य नेताओं ने इनमे भूमिका निभायी। एक गीत 20 से 28 लाइन में ही सारी बातें समाहित करने का प्रयास होता है।

इस संदर्भ में यह गीत एक अच्छा उदाहरण है

"मेरे देश की धरती सोना उगले, उगले हीरे मोती"

इसमें गीतकार ने किस तरह देश के बलिदानियों, शहीदों का उल्लेख किया है। सराहनीय है।

पर्वों पर गीत लिखते समय पर्वों के विषय में जानकारी होना चाहिए। ध्यान रहे कि एक निबन्ध जो कि 300 शब्दों का होता है उसे हमें चन्द पंक्तियों में

समेटना है। इसे कहते है गागर में सागर। हमें अपनी गागर में ही ये सब एकत्र करना है।

राजनीति के परिवेश को लेकर जो गीत लिखे जाते हैं उनमें कभी किसी की प्रशंसा करना होता है तो कभी किसी की आलोचना भी करनी पड़ती है। ध्यान रखना चाहिए किसी ऐसे व्यक्ति की प्रशंसा न हो जिसे समाज नहीं चाहता और किसी ऐसे व्यक्ति की आलोचना न हो जाये जिसे समाज सर्वाधिक चाहता है।

ऐसे समय में गीतकार/कवि और सांकेतिक भाषा का प्रयोग करते हैं। जिससे उनके कहने का मक़सद भी पूरा हो जाता है और उस व्यक्ति विशेष तक गीतकार का संदेश भी पहुंच जाता है।

श्रृंगार रस अथवा रोमेंटिक पुट

श्रृंगार/रोमेंटिक/फिल्मी गीत लिखते समय कुछ विशेष लम्हें इन्सान के जीवन में आते हैं। जब इस तरह का लिखने को मन होता है।

युवावस्था होती ही कुछ ऐसी है जब दो विपरीत (Male & Female) का अन्जाने ही मिलन हो जाता है। हक़ीक़त में कहें तो लड़की-लड़का एक दूसरे से आँखें चार कर बैठते हैं। प्रारम्भिक दौर के ये लम्हें बड़े यादगार होते हैं।

वैवाहिक पार्टियों में, जन्म दिन अवसरों पर, जब तब लगने वाले मेलों में अथवा कहीं भी, कभी भी। ऐसा अवसर कब आयेगा, कुछ निश्चित नहीं होता। यहाँ न उम्र की सीमा होती है न जन्म का बंधन। मनमस्तिष्क कह उठता है

होंठो से छू हो तुम मेरा गीत अमर कर दो

इन्सान के जीवन में गीतकार/शायर/कवि जन्म ले लेता है। यही आँखें चार करने का सिलसिला जब धीरे-धीरे आगे बढ़ता है तब शब्दों में निखार आने लगता है। जी चाहता है अपने इस अजीज की तारीफ कैसे की जाये। जुबां पर शब्द आकर अटक जाते हैं। आमने-सामने होकर भी बात नहीं हो पाती। दिल जो चाहता है उसे कहने के लिये गला सूख जाता है।

इसी समय पर ये उद्गार कागज-कलम-दवात चाहते है। मन कह उठता है कुछ लिख, कुछ ऐसा गढ़ जो उसे प्रभावित कर सके। इसी तरह के विचार कविता बन जाते हैं, शायरी बन जाती है और फिर इसी तरह गीतकार/शायर का जन्म होता है। जुवां कह उठती है

मैं शायर तो नहीं मगर ए हंसी

जब से देखा, मैंने तुझको, मुझको, शायरी आ गयी

इस तरह के लम्हें जीवन में एक अमिट छाप छोड़कर जाते है। इन्हें जीवन में भुला पाना मुश्किल ही नहीं नामुकिन होता है। गीत लेखन में जब ये लम्हें याद आते हैं तो शब्दों को उकेरना अच्छा लगता है। लगता है शब्द स्वयं ही

हमसे कह रहें हों हमें समेट लो, हमें लगाओ कहीं तरतीब से। यहीं से इन शब्दों को संजोकर रखना आप सीख लेते हैं तो यह आपके गीतकार बनने की दिशा में पहला कदम होगा। यहाँ मैं यह भी उल्लेख करना चाहूंगा आप अपने विचार, अपने जज़्बात, अपने ख़यालात, अपनी भावनायें और जो भी विशेष आपके मन में जब-तब आता है उसे एक डायरी या कापी में लिख संभाल कर रखें।

मोबाइल में इस तरह का रिकार्ड रखना ठीक तो है परन्तु मोबाइल में किसी भी तरह की तकनीकी खराबी आने पर यह सब गायब भी हो सकता है और फिर पुनः इतना लिखना मुश्किल ही नहीं असम्भव है।

भक्ति गीत कैसे लिखें

भक्ति शब्द की व्युत्पत्ति 'भज्' धातु से हुई है, जिसका अर्थ 'सेवा करना' या 'भजना' है, अर्थात् श्रद्धा और प्रेमपूर्वक इष्ट देवता के प्रति आसक्ति। ... अर्थात् भक्ति, भजन है।

अपने आराध्य के प्रति सुबह-शाम शाब्दिक श्रद्धा सुमन गायन रूप में अर्पित करना भजन जैसा है। भक्ति-भाव मन में रख अंतर्आत्मा कुछ कहना चाहती है। लगता है आत्मा और परमात्मा आमने-सामने हैं। अपने मन की सारी व्यथाएं सुख दुःख की बातें शिकवे-शिकायतें सभी कुछ निःसंकोच कहने का मन करता है।

यही भावनायें गीतकार को भजन अथवा भक्ति गीत लिखने को प्रेरित करती हैं। भगवान के आगे नतमस्तक हो गीतकार कह उठता है

सुख के सब साथी दुःख में न कोई

मेरे राम तेरा नाम एक सांचा दूजा न कोई "

मुझे याद आते हैं वे पल, जब मैंने बाला जी दरबार में कदम रखे। यहाँ छोटा-बड़ा, अच्छा, कम-अच्छा कोई मायने नहीं रखता। प्रत्येक भक्त अपनी मन इच्छा अनुसार अपने टूटे-फूटे कण्ठ से भी बाला जी के चरणों में अपनी अरदास गा सकता है।

बाला जी दरबार में जाने के मेरे दो मक़सद रहे। एक तो मैं अपने गाने की झिझक मिटाना चाहता था। दूसरे मेरा मन होता था कि मैं हर बार कुछ नया, कोई नया भक्ति गीत लिखूं और सब के सामने प्रस्तुत करूं। जिस प्रकार के भी गीत हम सृजित करने जा रहे हैं उस तरह के माहौल में स्वंय को ले जाने से बहुत कुछ सीखने को मिलता है। वहाँ की गतिविधियों को हम शब्दों के रूप में ढाल सकते हैं।

कई अवसरों पर हम बाहर भ्रमण पर जाते हैं। तीर्थ स्थलों के दर्शन करते

हैं। बद्रीनाथ, केदारनाथ, गंगोत्री, जमनोत्री, बाबा शिरडी का मंदिर, साईंनाथ और तमाम तरह के देवी देवताओ के मंदिरों के दर्शन करने का हमारा मन होता है।

नवोदित गीतकारों के लिये ये सर्वोत्तम अवसर होता है। वे इस तरह के दृश्यों को ध्यान में रखकर गीत लिख सकते हैं। फिल्म वाले तो अपनी थीम के अनुसार गीत लिखाते हैं जैसे-

"शिरडी वाले साईं बाबा
आया है तेरे दर पे सवाली"

फिल्म वालों की थीम के अनुसार गीत लिखना थोड़ा मुश्किल होता है। मन मस्तिष्क को उस थीम में ले जाने में समय भी लग सकता है।

"मन तड़पत हरि दर्शन को आज"

परमपिता परमेश्वर के आगे जब इन्सान पहुँचता है तो उसे लगता है मानो सब कुछ मिल गया।

"मेरे रोम-रोम में बसने वाले राम
जगत के स्वामी ओ अन्तर्यामी
मैं तुझसे क्या माँगू "

संसार की तमाम तकलीफों को झेलकर इन्सान उस दाता, परमपिता परमेश्वर, अल्लाह, नानक, ईसा के दर पर पहुंच जाता है और गीतकार उसकी भावनाओं को समझ जाता है। अपने शब्दों में उसके दर्द को उतार देता है

"हो के मायूस तेरे दर से सवाली न गया
झोलियाँ भर गयी सबकी कोई खाली न गया"

कितना अजीब सा रिश्ता है एक गीतकार का कि वह दूसरे की भावनाओं को तुरन्त समझ लेता है। दर्द कहीं होता है, महसूस कोई करता है। यह भावनाओं का अजीबोगरीब खेल है। जहाँ प्रेमी-प्रेमिका ही नहीं, बल्कि संसार की हर घटना उसके करीब से होकर गुजरती है। कोई धर्म, कोई मजहब उसकी राह में नहीं आता।

तमाम मुस्लिम गीतकारों ने कितने ही सुन्दर-सुन्दर भक्ति गीतों की रचना की है। इस पर भी उन्हें मुस्लिम समाज के महान गायकों, जैसे मौ रफी और मुस्लिम समाज के ही संगीतकारों, जैसे नौशाद ने उसकी सुर लहरी तैयार की है। ऐसा अद्भुत संगम देखते ही बनता है।

एक फ़नकार/गीतकार का कोई जाति, धर्म नहीं होता। वह सम्पूर्ण समाज का प्रतिनिधित्व करता है। वह हर किसी की भावनाओं को उकेरने वाला नुमाइन्दा है।

भक्ति गीत हर धर्म, जैसे हिन्दू, मुस्लिम सिख व ईसाई सभी में होते हैं। नवोदित सृजनकार जो उस समाज से जुड़े होते हैं। वे उस धर्म, जाति विशेष से सम्बन्धित जानकारी अच्छी रखते हैं। अतः वे अपने ज्ञान व जानकारी के अनुसार बेहतर, ज्यादा सुन्दर लिख सकते हैं। जबकि अन्य क्षेत्र के सृजनकारों को उस समाज धर्म विशेष के विषय में जानकारी हासिल करनी होगी।

बाल कविता/गीत

बाल कविता/गीत वे गीत कहलाते हैं जो बच्चों को प्रेरणा देते हैं। बाल क्रीड़ाओं को दर्शाते हैं। बचपन में क्या-क्या मन में आता है, इन्हें सलीके से शब्दों में उतारना ही बाल कविता/गीत है।

भगवान श्री कृष्ण के लिये लिखी गयी ये पंक्तियाँ/गीत **"मैया मेरी मैं नहीं माखन खायो"**। कृष्ण के बचपन की लीलाओं का ऐसा अद्भुत वर्णन शायद ही कहीं देखने को मिलेगा। बचपन में जब हम पढ़ते थे, तब ऐसी ही एक कविता होती थी

**"उठो लाल अब आँखें खोलो,
पानी लायी हूँ मुंह धो लो"**

आज भी बचपन की यादों की ताजा कर जाती है। बचपन, बचपन ही होता है, जो कभी लौटकर नहीं आता। एक गीतकार ने लिखा है

**"बचपन हर ग़म से बेगाना होता है"
जनम का शुभ दिन, हर दिन से सुहाना होता है**

बचपन की हर याद अनोखी होती है। गीतकार को ऐसा सृजन करते समय स्वंय को एक बच्चा समझकर लिखने की जरूरत होती है।

**" बच्चे मन के सच्चे, सारे जग की आँख के तारे
ये वो नन्हें फूल हैं जो भगवान को लगते प्यारे "**

बाल मन सच्चा होता है। तरह-तरह के खेल-खिलौने, बच्चों के दिल को

बहलाने के लिये, माँ-पिता लाकर उन्हें देते हैं। लेकिन बच्चे जब जिद कर लें तो

"मैया मैं तो चन्द्र खिलौना लईहों "

बड़ी-बड़ी अजीब सी जिद, पल-पल बदलती हरकतें, पल में हंसना, पल में रोना, माँ की लोरी सुनकर चुप जाना। माँ के उन अल्फ़ाज़ों को शब्दों में उतारना एक गीतकार का काम है।

"ए नन्हें से फरिश्ते तुझसे ये कैसा नाता
कैसे ये दिल के रिश्ते हेप्पी बर्थ डे टू यू "

नवोदित सृजनकारों को ऐसे लम्हें मन मस्तिष्क में उतारने चाहिए। बचपन से लेकर मनुष्य जीवन के अन्त समय तक विविध प्रकार के संस्कार चलते रहते हैं। विषय वस्तु कहीं आसमान से नहीं आती। हमें ऐसे ही विविध रंगी अवसरों का इन्तजार रहता है। जिस पर लेखनी चलनी चाहिए।

एक पत्रकार एक छोटी सी घटना को बड़े समाचार में बदल देता है। हमें इन्हीं छोटे-छोटे अवसरों को कविता/गीत में बदलना है।

"नन्हा मुन्ना राही हूं देश का सिपाही हूँ
बोलो मेरे संग जय हिन्द! जय हिन्द! जय हिन्द!"

पुराने समय की फिल्मों में अक्सर ही बाल गीत होते थे। फिल्म की विषय वस्तु में न होते हुए भी बच्चों के गीतों को समावेशित करने का प्रयास किया जाता था।

"राम करे बबुआ हमार फुलवा को हमरी उमर लग जाये"

बचपन का हर लम्हा अनोखा होता है। मन करता है, हर लम्हें को गीतों में उतार दिया जाये। गुड्डे-गुड़िया का खेल, उनकी शादी का वह दृश्य एक यादगार याद है। कठपुतलियों के माध्यम से गुड्डे-गुड़िया की शादी हो रही है। गीत के स्वर उभरते हैं

**"हाथों में मेहन्दी, बालों में फूल बोल
बोल रे मेरे गुड्डे तुझे गुड्डी कबूल गुड्डी कबूल'**

(पूरा गीत यूट्यूब पर अवश्य सुनें)

आजकल चूंकि कठपुतलियों का दौर समाप्त सा हो गया है। आज के डिजिटल युग में हमने बहुत कुछ पाया है तो बहुत कुछ खोया भी है। बच्चों के जीवन में ऐसा हो रहा है कि उनके खेल खिलौनों ने भी आधुनिक रूप ले लिया हैं। मैं यदि यह कहूँ कि सारे खेल खिलौनों की पूर्ति एक मोबाइल कर रहा है और दूसरे टेलीविजन ने हमारी मानसिकता पर विराम लगा दिया है तो अनुचित न होगा।

बच्चों के खेल खिलौने, टेलीविजन के दृश्य कार्टून बनकर रह गये हैं। एक गीतकार की क्रिएटिविटी को भी धक्का लगा है। जिसके कारण वह नया लिखे तो क्या लिखे? फिर भी मैं अपने सृजनकारों से अपेक्षा करूंगा कि वे बच्चों के लिये अच्छी सोच वाली प्रेरणादायक सामग्री तैयार करने में गुरेज न करें।

एक कलमकार चाहे तो समाज बदल सकता है। एक नये समाज का निर्माण कर सकता है। आईए बच्चों के लिये कुछ नया लिखने, कुछ नया करने का बीड़ा उठायें!

एकल या सोलो गीतों का सृजन

वह गीत एक जिसमें एक ही कलाकार गीत को गाता है। एकल कहलाते हैं।

जैसे-

"मेरा जीवन कोरा कागज कोरा ही रह गया
जो लिखा था आंसुओं के संग बह गया"

इनमें नायक अथवा नायिका के हृदय के उद्गारों को व्यक्त करना होता है। एकाकी या एकल गीत, नायक अथवा नायिका किसी के लिये भी हो सकते हैं। इस तरह के गीतों में नायक गीत को ही कुछ परिवर्तन के साथ नायिका गीत भी बनाया जा सकता है।

गीतकार को ध्यान रखना है कि शब्दों का परिवर्तन नायिका के दृष्टिकोण से सही हो। जैसे-

"वादा नहीं करते सनम झूठी-झूठी तेरी बातों पे
डरते हैं जो इतना सनम प्यारी-प्यारी मुलाक़ातों से "

इस तरह के एकल गीत मेल और फिमेल दोनों आवाजों में गाये जा सकते हैं। सृजनकार शुरुआत में यह सोचता है कि मेल से फिमेल में किस तरह परिवर्तन किया जाये। कुछ शब्दों का परिवर्तन और दूसरे स्वंय को एक नायिका समझ हमें यह करना होता है।

शब्दों का रुप तब और निखर आता है जब एक ही लाइन नायक-नायिका दोनों पर ही सही उतरे। जैसे-

"बहुत प्यार करते हैं तुमको सनम
सनम चाहें ले लो ख़ुदा की कसम"

यहाँ ध्यान रखने योग्य बात यह है कि कुछ शब्द ऐसे होते हैं जिन्हें नायक एवम् नायिका दोनों के लिये प्रयोग में लाया जा सकता है जैसे सनम जानेजां...। गीत लेखन में हम गीत सुनते समय यह ध्यान रखें कि गीतकार ने गीत में इस तरह के किन-किन शब्दों का प्रयोग किया है। इन्हें अपनी डायरी/नोट बुक में

लिखकर रखना चाहिए।

गीतकार के लिखे गीत को संगीतकार और गायक मिलकर कुछ भी रूप प्रदान कर सकते हैं। गीतकार गीत की ज़मीन है उस पर निर्माण का जिम्मा अगली टीम को है।

कितने ही प्रकार से जैसे भजन, कव्वाली अथवा अन्य प्रकार से इनका रूप परिवर्तन किया जा सकता है।

कुछ एकल गीत परदे पर कहानी के ब्रेक ग्राउन्ड में चलते हैं। इनको लिखना काफी मुश्किल होता है। जैसे " **किस्मत के खेल निराले मेरे भैया** '

इन्सान की अंतिम यात्रा जारी है और गीत उभरता है "**चल अकेला चल अकेलाचल अकेलातेरा मेला पीछे छूटा** राही.... ।"गीतकार को इस तरह के गीतों के लिये काफी मशक़्क़त करनी पड़ती है। इस तरह की भावनाओं को मन में लाना मुश्किल होता है।

युगल/दो गाना/Duet song

युगल/दो गाना/Duet song का लिखना उतना सरल नहीं होता जितना सुनने में लगता है। इस तरह के गीतों में मेल व फिमेल (नायक अथवा नायिका) के जज्बातों को उकेरा जाता है।

गीत लेखन से पूर्व अपने दिलोदिमाग/मन मस्तिष्क को उस दृश्य पर केन्द्रित करना होता है जहाँ ये गीत उभर रहा है। एक काल्पनिक परिदृश्य में जाकर गीत का सृजन प्रारम्भ होता है। युगल/दो गाना/Duet song लिखने का तरीका कुछ इस तरह है। हम किसी पुराने युगल/दो गाना/Duet song का अनुशरण करें।

सोंचे गीतकार ने उसे किस तरह शब्दों में पिरोया है। किस तरह संगीतकार और गायक ने मिलकर गीतकार की कल्पना को साकार रूप प्रदान किया है।

इसके लिये हम उस गीत का एक ख़ाका तैयार करते हैं। पुराने गीत के बोल में मेल फिमेल संवादों को किस तरह गीत की शक्ल प्रदान की है।

नमूने के तौर पर एक पुराना गीत हमें दिया गया है।

यूँ ही तुम मुझसे प्यार करती हो

या कोई प्यार का इरादा है

इस पुराने गीत के अनुसार ख़ाका इस तरह रहेगा।

~~~~~~~~~~

दो गाना/युगल गीत को लिखने का एक नमूना

(M) ~~~~~~

~~~~~~

(F) ~~~~~~~

~~~~~~
~~~~~~

(M) ~~~~~~

(अन्तरा एक)

(M) ~~~~~~~~

~~~~~~~~

~~~~~~~~

~~~~~~~~

(F) ~~~~~~~~

~~~~~

~~~~~~~~

~~~~~~~~

~~~~~~~~

(M) ~~~~~~~~

(अन्तरा दो)

(F) ~~~~~~~~

~~~~~~~~

~~~~~~~~

~~~~~~~~

(M) ~~~~~~~~

~~~~~~~~

~~~~~~~~

~~~~~~~~

(F) ~~~~~~~~

(अन्तरा तीन)

(M) ~~~~~~~~

~~~~~~~~

~~~~~~~~
~~~~~~~~

~~~~~~~

(F) ~~~~~~~~

(M) ~~~~~~~~

~~~~~~~

~~~~~~~

(F) ~~~~~~~~

~~~~~~~

(M) ~~~~~~~~

अब इस नमूने/खाका की खाली जगह को हम गीत के बोल से भरते हैं। जैसे-

यूँ ही तुम मुझसे प्यार करती हो

की जगह कर गये नये जो हमने सोचे-

कर गये बेकरार दिल को तुम

आगे भी यूँ ही एक काल्पनिक परिदृश्य~उस पर संवाद और वह भी गीत की शक्ल लिये। इसी तरह युगल/दो गाना/Duet song आगे धीरे-धीरे रफ़्तार लेते हुए ऊंचाईयों की तरफ जाता है और फिर वह खाली जगहें इस तरह भर जाती हैं।

दो गाना/गीत

स्थायी

(M) कर गये बेकरार दिल को तुम

दे गये एक गुलाब मुझको तुम

(F) रह गये बन के राज अब तो तुम

दे गये एक गुलाब मुझको तुम

(M) कर गये बेकरार दिल को तुम

(अन्तरा एक)

(M) नाम जिसका लिखा था इस दिल पर
तोड़ा उसने ही मेरे दिल को अब
न ही रातों को नींद आती है,
न ही आता है चैन मुझको अब
(F) आंधियाँ ऐसी चली, आंधियाँ ऐसी चली
टूटी डाली से कली, कर गये इन्तख़ाब किसका तुम
रह गये बन के राज अब तो तुम
दे गये एक गुलाब मुझ को तुम
(M) कर गये बेकरार दिल को तुम

(अन्तरा दो)

(F) हर तरफ गुल हैं रास्तों में खिले
ग़मजदा बेशुमार लम्हें मिले
तुमसे मिलने की आरजू कैसी
सिलसिले करके याद हम मचले
(M) माना मशहूर हुए, माना मशहूर हुए
तुम भी मग़रूर हुए,
लिख गये ऐसी दास्तां तुम
कर गये बेकरार दिल को तुम,
दे गये एक गुलाब मुझको तुम
(F) रह गये बन के राज अब तो तुम

(अन्तरा तीन)

(M) बढ़ गयी इन्तजार की घड़ियाँ

थम गयी बेजुवान सी अंखियाँ

आज सज़दा करूँ मैं किसके लिये

बुझ गयी चिराग सी गलियाँ

(F) जिन्दगी है सजा, जिन्दगी है सजा

सुने न कोई सदा

रह गये इश्तहार अब तो तुम

(M) कर गये बेकरार दिल को तुम,

दे गये एक गुलाब मुझको तुम

(F) रह गये बन के राज अब तो तुम

दे गये एक गुलाब मुझको तुम

(M) कर गये बेकरार दिल को तुम

पहले पुराने गीतों के आधार पर ही हमें इसका अभ्यास करना चाहिए। पुराने गीतों पर आधारित गीतों में ध्यान रखें कि जिन शब्दों का हम प्रयोग करें वे उस गीत से मिलते-जुलते नहीं हों।

युगल/दो गाना/Duet song को गीतकार अपने-अपने अलग-अलग अन्दाज से लिखते हैं। ऐसा कर पाना मुश्किल होता है लेकिन जब हम सतत इसके लिये अभ्यास करते चले जाते हैं तो फिर हमारा मन कुछ नया करना चाहता है। कुछ अपने अन्दाज में लिखना चाहता है और जब एक बार हम इस प्रयास में सफल हो जाते हैं तो आगे और सृजन करना अच्छा लगता है।

प्रेम गीत या रोमेंटिक गीत

प्रेम गीत लिखते समय यह देखते हैं कि वे कौन से शब्द हैं जो प्रेम से मिलते जुलते हैं अथवा जिन्हें शायर इनके विकल्प के रूप में प्रयोग में लाते हैं। सामान्यतः प्रेम के वैकल्पिक शब्द जैसे- प्रीत, स्नेह, दुलार, लाड़, ममता, अनुराग, लव, इश्क़, उल्फ़त, मुहब्बत हैं। प्रायः गीतकार इन्हीं शब्दों का प्रयोग करते हैं।

मैं तुमसे प्यार करता हूँ

मुझे इश्क है तुझ ही से

इलू का मतलब आई लव यू

इसी तरह से इन शब्दों को प्रयोग में लाया जाता है।

प्रेम गीतों का यदि जिक्र करें तो हमेशा से ही प्यार भरे, रोमांटिक गाने, अन्य गानों की तुलना में सूची में ऊपर रहे हैं। सामान्यतः हजारों ऐसे गाने हैं जो **"मैं तुमसे प्यार करता हूँ"** से शुरू होते हैं। प्रेम गीत के बिषय में लिखते समय कुछ बातें जानना जरूरी हैं।

आप अपने प्यार के बारे में लिखे :

आप अपने दिल के जज़्बातों को कविता और संगीत में बदलने का प्रयास करें। उससे पहले, आप खुद को बिना मीटर और तुकबंदी की असहजता से व्यक्त करने का प्रयास करें। यह करने के लिए, आप जिससे प्यार करते है उसके बारे में वर्णन करें वो आपको कैसा महसूस करवाते हैं। साथ होने पर कैसा महसूस करते हैं।

आप अपने चाहने वाले की शारीरिक विशेषताओं का वर्णन कर सकते हैं। वो कैसे दिखते हैं, वो कैसे चलते हैं, वो कैसे प्यार का इज़हार करते हैं, वो कैसे नाचते हैं, कैसे गाते हैं जो कुछ भी जो उन्हें शारीरिक रूप से दर्शाते हैं। उनका भावनात्मक वर्णन कर सकते हैं।

क्या वे मजबूत, साहसी और स्पष्टवादी, शांतचित या ध्यानशील हैं 1 कुछ भी जो वर्णित करता है कि **"वो"** कौन है और उनकी व्यक्तित्व की विशेषतायें भी लिखने के लिए अच्छी हैं। वर्णन करें "साथ होने के" रिश्ते के बारे में बतायें।

आप साथ में जो करते हैं, जो नही करते है उनके बारे में बात करें।

जाने क्यों लोग मुहब्बत किया करते हैं इस गीत के बोल प्रेम गीत लिखने के लिये काफी कुछ प्रेरणादायक हैं।

आप दोनों कैसे मिले और आप भविष्य की आशाओ के बारे में उनसे बात करें। भले ही असल में प्यार के विषय में साथ में नही हैं। आप कल्पना कर सकते है कि कैसा लगता अगर दोनों साथ होते।

रूपकालंकार बनाये: यह वह है जहाँ आपकी रचनात्मकता का काम आता है। आपको स्कूल/कालेज में जो पढ़ाया गया उसका संक्षिप्त ज्ञान यहाँ काम आता है। आप प्यार की कहानी को आगे बढ़ाते हुए वर्णन करें जो ज्यादा शाब्दिक न हो। रूपकालंकार अपने में सबसे बड़ा आधार हैं, यह दर्शाता है कि क्या कुछ है साथ में, क्या कुछ नहीं है, का इस्तेमाल करें।

उदहारण के लिए, आप उसके अंगो को को सुन्दर शब्दों में बयाँ कर सकते हैं। जैसे- होंठ कमल के समान, जुल्फ घटा के समान, गरदन सुराही की तरह और आंखें मयखाना आदि। इन शब्दों में प्यार की खुशबू आती है। सामने वाले की भावनाओं की अभिव्यक्ति ऐसे ही की जाती है। अपने शब्दों का अच्छे से प्रयोग करें।

आप जितने ज्यादा रूपकालंकार इस्तेमाल कर सकते हैं करें। उनमें से कुछ तो शानदार उत्कृष्ट कृति के रूप में सामने आएंगे। कुछ शहर के कचरे की तरह बेकार होंगे। इस बिंदु पर, आपका लक्ष्य यही है कि आप इसके बारे में खोजें कि आप अपने प्यार के बारे में और क्या कह सकते हैं। रूपकालंकार, उपमाओं के द्वारा आप अपने प्यार का प्रतीकात्मक रूप से वर्णन कर सकते हैं।

अपना चिह्न खोजें : एक बार आपने विवरण को भर दिया, और आपके पास अपने दोनों कामनाओ के विषय में साफ अनुमान मिल जायें, और कैसे आप उनका वर्णन करने जा रहे हैं। आप समझना शुरू कर देंगे कि आपका गाना कैसे काम करेगा। गीत के शब्दों को रूप देना, गीतों के शब्दों के बीच की खाली जगहों को भरने के लिए एक पूरी छबि बनायें।

शब्दों की सूची तैयार करें : जो गीत आप सृजित करने जा रहे हैं। उसमें किस तरह के शब्दों के आने की सम्भावना है। उसका खाका तैयार कर लें। जैसे

वाक्य का अंतिम शब्द सनम है तो उससे मिलते-जुलते शब्द जैसे- कसम, रस्म, बलम, अलम, सितम आदि। इसी तरह के शब्दों का पहले से संग्रह रहता है तो गीत लिखना सरल हो जाता है।

कुछ कविताये खोजें: जो गीत हम सृजित करने जा रहे हैं। उससे मिलते-जुलते गीतों का अध्ययन करें। दूसरे गीतकार ने उसमें शब्दों किस तरह माला में पिरोया है। उसकी कॉपी/नकल हमें नहीं करनी है केवल उसके शब्दों के प्रयोग के तरीके को हमें सीखना है।

कैसे अपने प्यार को संबोधित करें :

आप क्या कहना चाहते हैं उसकी रुपरेखा तैयार करें और आप यह कैसे कहना चाहते है। प्यार के गानों का एक विशिष्ट रूप का फॉर्मेट है छंद, स्वर, स्वर, छंद, स्वर।"

हर छंद विषय के बारे में कुछ नया कहता है, और स्वर इन सभी को आपस में बांधता हैं। आप हर छंद के भाग में क्या कहना चाहते है इसकी एक रुपरेखा तैयार करें।

उदहारण के लिए, छंद 1 में आप आपके प्यार को कैसे देखते हैं। उसके बारे में बात कर सकते हैं। दूसरे छंद में, वो आपको कैसा महसूस करवाते हैं; और तीसरे छंद में आपके भविष्य के बारे के विचारों का वर्णन कर सकते हैं।

स्वर कुछ निम्नलिखित चीजें कर सकते हैं। आप अपने प्यार बढ़ने की जगह के रूप में बगीचे को चुन सकते हैं। या इसका इस्तेमाल निराशा को प्रकट करने के लिए करें कि कैसे सारी चीजें कैसे कल्पना के बगीचे से बाहर ही नहीं आती हैं। यह सब आपके द्वारा बनाये गए विवरण से बन सकता हैं!

अपने गाने को संगीत में डालें

खुलेपन से सोचें : इससे पहले कि आप शब्दों को मधुर गीत में बदले, आपको मधुर संगीत के बुनियादी विचारों के साथ आना होगा। बहुत बार जब आप लिखते है, अनायास ही ऐसा घटित होगा। यदि ऐसा होता है तो आप खुद को भाग्यशाली मानेंगे! फिर भी, ऐसा समय आएगा जब आपकी विचार और

प्रेरक शक्ति नाकाम हो जायेगी और आपको मधुर संगीत बनाना पड़ेगा।

शुरूआत करने के लिए अपने रिकॉर्डिंग उपकरण को चालू करें। जहाँ तक कि यह कैसेट डेक की तरह आसान हैं, या इसमें पेशेवर उपकरण भी शामिल हैं। सुझाव यही है कि अपने विचारों के पथ पर बने रहें।

अपने गीत के शब्दों को पद्यात्मक साधन की तरह इस्तेमाल करना। अपनी धुन को गुनगुनाना शुरू करें जो आपके साथ होती हैं। अगर आप चाहते हैं कि आप खुद के असली शब्दों को धुन बनाने में इस्तेमाल कर सकते हैं, अन्यथा आप कलाकार पीटर गेब्रियल की के जैसे भी कर सकते हैं और बेतुके तरीके से शब्दांशों को गा सकते है जिससे आपको धुन का कुछ अनुमान हो जायेगा।

ऐसा करीब आधे घंटे के लिए करें फिर कुछ आराम करें। एक छुट्टी ले, कुत्ते को घुमाने ले जायें, अपना पसंदीदा टेलीविजन शो या फ़िल्म देखें—इससे कोई फर्क नही पड़ता आप क्या करें। इतनी देर में आप अपने दिमाग और कानों को गाने से खाली करें। जिसमें लगभग एक घंटा लग जायेगा।

आपने जो रिकॉर्ड किया है उसे सुने :

एक कलम और कागज लेकर बैठें। इसमें कुछ भाग होंगे जो आपको खुश कर देंगे। आपको प्रभावित करते है उन्हें लिख दें और उसे अपनी धुन बनाने के लिए इस्तेमाल करें।

जैसे ही आप अपने संगीत के विचार बनाना शुरू कर दें, उन्हें गिटार या पियानो पर बजाने के लिए भेज दें। अगर बहुत से लोगों की तरह आपकी प्रशिक्षित आवाज नहीं है, तो पियानो या गिटार पर धुन बजाने से आपको गाने पर ध्यान केंद्रित करने में मदद मिलेगी।

तालमेल जोड़ना: जैसे आपने मधुर गीत तैयार कर लिया, यह ऐसा है कि आपने तालमेल को अंतर्निहित कर लिया है आप इस्तेमाल करोगे। अपने गाने को गायें, तारों के साधारण संरचना को समझें। यह कोई अनोखा या जटिल नही होना चाहिए—मधुर गीत से बाद में सुर ताल वापिस भी निकाल सकते हैं। जिसमें आप दूसरे पसन्द की रूचि या किसी बिल्कुल दूसरे स्वाद के हिसाब से भी जोड़ सकते हैं।

यह एक लयबद्ध संरचना के साथ शुरू करने के लिए बराबर मान्य हैं। तारों

पर आधारित मधुर गीत का कार्य पूरा करें। बल्कि आस-पास के दूसरे तरीके भी। असल में, आप गाने के शब्दों से पहले पीछे चलने वाला संगीत भी बना सकते है। कुछ लोग एक कार्य को दूसरे से आसान पाते हैं। अगर पहला रास्ता आपके लिए काम नहीं करता तो, उसकी जगह दूसरा करने की कोशिश करें।

इन सब को साथ कर दे: एक बार जब आपको शब्द मिल जाये, धुन, और लय भी सही है, इसे चलाये! अपने रिकॉर्डिंग डिवाइस का इस्तेमाल करते हुए, गाने में से कुछ परिवर्तित भाग रिकॉर्ड करें, फिर इसे रात भर रहने दें। अगले दिन जो अपने रिकॉर्ड किया उसे सुनें और इसके हर भाग में से सर्वश्रेष्ठ परिवर्तित को चुने और उसे अपने गाने को सुधारने में प्रयोग करें।

इसी प्रक्रिया को तब तक दोहरायें, जब तक आप अपने गाने से संतुष्ट न हो जायें। जब आप सब पूरा कर चुके हैं, अपने प्यार को खोजें और अपना गाना गाए!

सलाह! सुनिश्चित करें कि यह आपके दिल से आया हैं। भले ही यह आपका पुराना प्यार हो या जिसके साथ अभी हो, अपने दिल की बातों को भरने से डरें नहीं। आप अपने किसी के बारे में असल में क्या महसूस करते हैं वो लिखें।

अपने गीत के शब्दों में अपनी भावनायें दर्शायें और उन्हें दिल को छूने वाला बनायें। इस बारे में सोचे कि आप उस व्यक्ति के बारे में सोचते हैं जो आपके गाने को बेहतर बनाते हैं। सुनिश्चित करें कि लिखते और गेट समय यह आपके दिल की आवाज हों।

अपने प्रेमी को भी इन संकेतो का एहसास करवाने की कोशिश करें। गीतों के ऐसे शब्दों को चुने जो किसी और के बारे में नहीं है। उन्हें बतायें यह उनके बारे में है। यह बहुत ही अच्छा प्रेम गीत लिखने का तरीका है। सब इसे बहुत अच्छा गाना मानेंगे, लेकिन उन्हें पता है कि यह केवल उनके लिए ही हैं।

इसका आनंद उठाये और चिंता को अपनी क्रियात्मकता के ऊपर हावी ना होने दें। आप असल में कैसा महसूस करते हैं यह कहने में बिल्कुल भी ना झिझकें। अपने असली रंग दिखाने और और अपने चयन के बारे में बताने में बिल्कुल भी ना डरें।

अपनी भावनाओ का वर्णन करें।

अगर आप उस इंसान को नहीं बताना चाहते कि यह केवल उनके लिए है तो केवल "आप" या तुम जैसे शब्दों का प्रयोग करें। जो किसी के लिए भी हो सकता है!

आप जितना ज्यादा लिखेंगे यह उतना ही आसान रहेगा। अगर आप खुद उनके लिए गाना चाहते है तो इसे अपनी आवाज देने में बिलकुल भी नहीं घबरायें!

बिल्कुल भी नहीं घबराये बस कर दें।

पॉवर टैब, पेशेवर गिटार, और दूसरे संगीत रिकॉर्डिंग एप्स गाने लिखने के लिए सबसे अच्छे रहेंगें। "प्यार" शब्द की ज्यादा पुनरावृति नहीं करें! आपके उनके लिए अहसास को बिना "प्यार", "जान" जैसे शब्दों के कहने की कोशिश करें।

चीजों के बिगड़ने से न डरें।

बस आपकी असलियत बरकरार रखते हुए गीतों के वो शब्द लिखें जो आप चाहते है। सुनिश्चित करें कि यह सब आपकी पसंद का वर्णन करता है और कुछ उपमाओं का इस्तेमाल करें।

गीतों में सुन्दरता को निहारना

जब आप प्रेम गीतों का सृजन कर रहे हैं और उस समय आप नायक/ नायिका की सुन्दरता को वर्णन करना चाहते हैं। आप उन लम्हों को तलाशें जब आपने स्वंय चोरी-चोरी किसी को निहारा है अथवा अपनी आंखें उसके साथ

चार की हैं। ऐसे में मन उसके हर तरह के सौन्दर्य को पढ़ लेता है। उसका नशा दिलोदिमाग पर छा जाता है।

ऐसे में ऐसा लगता है शब्द स्वंय धरातल से निकल कर आ रहे हैं। ऐसे पलों का इन्सान के उम्र की सीमा से, न ही जन्म से कोई ताल-मेल होता है। ऐसी तरंगे मेल-फिमेल में कभी भी आ सकती हैं। एक गीतकार ने लिखा है

"न उम्र की सीमा हो न जन्म का हो बंधन

जब प्यार करे कोई तो देखे केवल मन"

कहते हैं नशा शराब में होता तो नाचती बोतल नशा तो किसी की नशीली आँखों का हो सकता है। नशा किसी के कमल समान होंठों का हो सकता है। नशा किसी के गोरे गालों को देखकर हो सकता है। यह तो एक प्राकृतिक सी प्रक्रिया है। प्रकृति ने आकर्षण सभी में बनाया है। मनुष्य जब-तब आकर्षित होता रहता है। जब इस तरह का आकर्षण एक नवोदित सृजनकार में आता है तब ही वह सुन्दर प्रेम गीत या रोमेंटिक दो गाना/गीतों का सृजन कर सकता है।

मन मयूरा जब प्रेम रस में डूब जाये तब प्रेम गीत लिखें।

प्रेम गीतों के सृजन में प्रेम पत्र

प्रेम गीत का सृजन जब किया जाता है तो लगता है बिना मनमीत के प्रेम गीत अधूरा है। युवा उम्र में अक्सर ऐसा होता है। एक दूसरे को प्रेम संदेश भेजना अच्छा लगता है। किसी भी तरह से प्रेमी/प्रेमिका के कर कमलों द्वारा लिखे गये चन्द अल्फ़ाज भी दिल को सकून पहुंचाते हैं।

आजकल पत्रों/ख़तों का दौर समाप्त सा हो गया है। एक समय था जब विचारों के आदान-प्रदान का माध्यम केवल पत्र होते थे। दिन हफ्तों के इन्तजार के बावजूद भी पत्र की आत्मियता कभी समाप्त नहीं होती थी। उसे संभाल कर रखना अच्छा लगता था। जी चाहता था उसके एक-एक शब्दों को हजारों बार

पढ़ा जाये फिर भी मन नहीं भरता था।

इन्हीं पलों ने गीतकारों को कलम चलाने के लिये मजबूर किया है। गीतकारों ने जब इन्हें गीतों में ढाला तो वही शब्द अमर हो गये:-

लिखे जो ख़त तुझे जो तेरी याद में
हजारों रंग के नजारे बन गये
जो सुबह आयी तो फूल बन गये
जो रात आयी तो सितारे बन गये

ख़त को लेकर तमाम यादगार गीत लिखे गये हैं। जिन्हें सुनकर आज भी वो गुजरा जमाना याद आ जाता है। ख़त मात्र एक ख़त नहीं दिल की भावनाओं का ऐसा दस्तावेज है जो हमेशा-हमेशा अमर था, अमर है और अमर रहेगा चूंकि-

फूल तुम्हें भेजा है ख़त में फूल ही में मेरा दिल है
साजन मेरे मुझको लिखना क्या यह तुम्हारे क़ाबिल है

युवावस्था में लड़का-लड़की का चोरी-चोरी मिलना, एक दूसरे को प्यार के नज़राने देना, बागों में, बहारों में एक दूसरे के साथ मिलना, रास्तों में कहीं भी एक दूसरे से आँखें चार हो जाना, ऐसे पल होते थे, जब कलम स्वयं चलने को मजबूर हो जाती थी

बड़ी दूर से आये हैं प्यार का तोहफ़ा लाये हैं
ठुकरा दो या अपना लो.........

प्रेम गीत प्रेम का द्योतक हैं जब तक प्रीत का धागा नहीं होगा, उल्फत के जज्बात नहीं होंगे, चाहत का सिलसिला नहीं होगा, चाहे वह भाई-बहन का

प्यार हो या माँ-बाप और पुत्र-पुत्री का, एक मित्र का दूसरे मित्र से कैसे कल्पना की जायेगी कि

बहना ने भाई की कलाई से प्यार बांधा है
रेशम की डोरी से संसार बांधा है

प्रेम गीतों का लेखन कभी पुराना नहीं होता। राधा-कृष्ण का प्रेम, कान्हा और मीरा का प्रेम, लैला-मजनूँ शीरी-फरहाद का प्रेम, सोणी-महीवाल का प्रेम, जोधा-अकबर का प्रेम जैसी इतिहास में हजारों दास्तानें हैं: -

जब प्यार किया तो डरना
प्यार किया कोई चोरी नहीं की
चुप-चुप आहें भरना क्या

प्रेम आवश्यक नहीं कि मनुष्यों में ही हो। प्रेम प्रकृति से हो सकता है, प्रेम अपने भौतिक संसाधनों से हो सकता है। प्रेम अपने पशुओं से हो सकता है। पशुओं से प्रेम को लेकर बनी फिल्म **हाथी मेरे साथी** आज भी एक मिसाल है। प्रेम तो प्रेम है सृजनकारों के लिये प्रेम पर लिखने के लिये विषय खोज की आवश्यकता नहीं है। वह तो प्रकृति के कण-कण में मौजूद है। एक हाथी के लिये लिखे गये ये शब्द आज भी आंखों को नम कर देते हैं

नफरत को दुनिया को छोड़कर
प्यार की दुनिया में खुश रहना मेरे यार

हास्य गीत कैसे लिखें

वे गीत जिनमें इस तरह के भाव होते हैं, जिन्हें सुनकर सुनने वाला बरबस ही हंसने/मुस्कुराने के लिये विवश हो जाता है हास्य गीत कहलाते है। जैसे- एक चतुर नार करके सिंगार, सर जो तेरा चकराये या दिल डूबा जाये...।

पुरानी फिल्मों में हास्य भी फिल्म का एक हिस्सा होता था। दर्शकों के मनोरंजन के लिये हास्य गीत लिखे जाते थे। फिल्मों में नायक-नायिका और खलनायक के अलावा कॉमेडियन भी एक महत्वपूर्ण स्तंभ रहे हैं। फिल्मों में इनकी अदाकारी ने दर्शकों को गुदगुदाया है। बॉलीवुड में एक से बढ़कर एक कॉमेडियन हुए हैं। जिनमें जॉनी वाकर, केष्टो मुखर्जी, असरानी, महमूद आदि प्रमुख हैं। कई फिल्मों में इनका रोल भी अहम रहा है।

कुछ फिल्मों के प्रसिद्ध गीत कॉमेडियनों पर ही फिल्माए गए हैं। इस खंड में हम ऐसे ही गीतों का उल्लेख करेंगे। इनमे सबसे पहले जिक्र आता है फिल्म पड़ोसन के गीत '**एक चतुर नार कर के सिंगार**' का।

1968 में रिलीज इस फिल्म में महमूद ने नायिका सायरा बानो के संगीत शिक्षक की भूमिका निभाई है। गीतकार राजेन्द्र कृष्ण एवम् संगीतकार राहुल देव बर्मन के संगीत में किशोर कुमार मन्ना डे और स्वयं मेहमूद की आवाज में यह गीत आज भी दर्शकों के जेहन में समाया हुआ है।

गीतकार राजेंद्र कृष्ण के इस गीत को गाना सरल नहीं है। इस गीत के फिल्मांकन में एक तरफ से महमूद राग अलापते हैं तो दूसरी तरफ से किशोर कुमार राग छोड़ते हैं। दोनों के बीच मुकाबला होता है। नायक सुनील दत्त सहित अन्य कलाकार भी इस गीत में शामिल हैं।

गीत के बोल-'एक चतुर नार कर के सिंगार, मेरे मन के द्वार ये घुसत जात। हम मरत जात अरे हे हे हे यक चतुर नार कर के सिंगार'...को बेहतरीन मसखरे सुर के साथ दक्षिण भारतीय टोन में गाया गया है। जिसें हिंदी भाषी बड़े ही चाव से सुनते हैं।

यह गीत हास्य गीतों के दृष्टिकोण से ऐतिहासिक गीत है। गीतकार राजेन्द्र

कृष्ण के लिखे इस गीत को जब रिकार्ड किया गया उस समय बड़ा हास्य का माहौल था ऐसा बताते हैं।

गीतकार, संगीतकार, गायक और अदाकार पूरी टीम ने मिलकर कई फेर बदल के साथ इस गीत को एक नया रूप दिया। जिसे आज भी सुनकर आश्चर्य होता है। नवोदित गीतकारों को इस गीत को अवश्य सुनना चाहिए। हास्य गीतों के सृजन की दिशा में इससे बेहतर उदाहरण खोजना मुश्किल है

~~~~~~~

एक चतुर नार कर के सिंगार

मेरे मन के द्वार ये घुसत जात

हम मरत जात, अरे हे हे हे

यक चतुर नार कर के सिंगार...

प रे स, स स स नि ध स

स रे स ध ध प

प ध स रे स

स रे ग ध प

यक चतुर नर कर के सिंगा... र

कि: ummm धम

मह: अय्यो !

कि: अरे धम, ओ धम, ओ धम धम धम रुक

umm ब्रु - २

ओ अ आ इ ई उ ऊ ए ऐ ओ औ अं अ: (vowels)

उम नाम नाम नाम नाम नाम नाम

नाम नाम लम लम लम लम ल
~~~~~~~

उम बल बल बल बल रे,

बल बल बल बल रे, बल बल बल बल रे

ओम

एक चतुर नार बड़ी होशियार - २

अपने ही जाल में फसत जात

हम हसत जात अरे हो हो हो हो हो !

एक चतुर नार बड़ी होशियर

सु: तू क्यों...

मह: छी रे

करे लाख लाख दुनिया चतुराई

छुट्टी कर दूंगा मैं उसकी

अबके जो आवाज़ लगाई

छुट्टी कर दूंगा, आ आ आ...

ता जुम, तक जुम, तक नुम, यक जुम

तक तन्किदिअ...

कि: पढ़ के बोतन चीर बि चक्कर - २ (?)

हर बुद खुदि-बुदि खुद कर - २

छिटके तो रेरे मोन माखन - २

सब चले गये, सब चले गये चिदमुध चितिन्ग चितुबुद

चितुबुद गाय, चितुबुद गाय, चितुबुद हाय हाय हाय

जा रे, जा रे कारे कागा

का का का क्यों शोर मचाये
उस नारी का दास ना बन जो
राह चलत को राह बुलाए

काला रे जा रे जा रे
अरे नाले में जाके तू मुँह धोके आ
ख़ाला रे ग रे ग रे

मह: ये गड़बड़ जी
कि: ओ गा रे गा रे
मह: ये सुर बदला
कि: ओ गा रे गा रे
मह: ये हमको मटका बोला
कि : ओ गा रे गा रे
मह: ये सुर किधर है जी, ये सुर...; ये..., एन्नाया इधु (Tam il)
येक चतुर नार...
अम छोड़ेगा नहीं जी
येक चतुर नार...
अम पकड़के रखेगा जी

ये घुसत जात
हम मरत जात अरे आ आ आ

तू क्या जाने क्या है नारी
जिस तन लागे मोरे नैना
उसपे सारी दुनिया वारी

मह: नाच ना जाने, आंगन तेढ़ा

टेएएढ़ा, टेढ़ा टेढ़ा टेढ़ा टेढ़ा - ४

नाच ना जाने, आंगन टेढ़ा

टेढ़ा टेढ़ा टेढ़ा टेढ़ा - ४

उस संग लागे मोरे नैना

अबके जो आवाज़ लगाई

कि: ओ टेढ़े !

मह: ओय

कि: ओ केढ़े !

मह: ओ या

कि: अरे सीधे हो जा रे

सीधे हो जा रे

सीधे हो जा

वाह री चंदनिया, वाह रे चकोरे

राम बनाई ये कैसी जोड़ी

करे नचाया ता ता थैय्या

ताल पे नाचे लंगड़ी घोड़ी

अरे देखी

अरे देखी तेरी चतुराई

मह: ये फिर गड़बड़

कि: अरे देखी तेरी चतुराई

मह: फिर भटकाया

कि: तुझे सुरों की समझ नहीं आई

तूने कोरी घास ही खाई

अरे घोड़े !

मह: ये घोड़ा बोला

कि: ओ निगोड़े!

मह: ये गाली दिया

कि: अरे देखी तेरी चतुराई

मह: येक चतुर नार...

कि: घोड़े देखी तेरी चतुराई

मह: येक चतुर नार...

कि: घोड़े देखी तेरी चतुराई

मह: येक चतुर नार...

कि: एक चतुर नार...

कि: एक चतुर नार...

मह: अय्यो घोड़े तेरी...

कि: अरे घोड़े तेरी...

मह: क्या रे ये घोड़ा-चतुर, घोड़ा-चतुर बोला,

येक पे रहना या घोड़ा बोलो या चतुर बोलो... गाओ

कि: एक चतुर नार बड़ी होशियार

अपने ही जाल में फसत जात

एक चतुर नार! (Tune becomes faster here)

बड़ी होशियारी!

ये घुसत जात

मह: हम मरत जात, मरत जात (Mahmood gets stuck)

ये अटक गया !!!

कि: स रे ग म प, हे आ आ..., हे ... ... !!!!

सर जो तेरा चकराए, या दिल डूबा जाए

1957 में रिलीज फिल्म 'प्यासा' गुरुदत्त और वहीदा रहमान की दिलकश

अदाकारी तथा बेहतरीन कहानी की वजह से याद की जाती है। इस फिल्म में एक हास्य गीत' **सर जो तेरा चकराए**' भी लोगों को अच्छा लगा था। मौहम्मद रफी की आवाज तथा जानी वॉकर पर फिल्माया यह गीत तेल मालिश का बखूबी वर्णन करता है।

महानगरों में दौड़ धूप और तनाव भरे माहौल में तेल मालिश से राहत मिलने का वादा इसमें किया गया है। गीतकार शकील बदायूंनी ने इसे लिखा है। राहुल देव बर्मन के पिता सचिन देव बर्मन ने इसे संगीत से सजाया है। चंपी सभी को अच्छी लगती है। इस गीत में चंपी की ही तारीफ की गई है।

आ री आजा, निंदिया तू ले चल कहीं

कॉमेडियनों से उम्मीद की जाती है कि वह अपनी अदा से फिल्म में दर्शकों के लिए काफी हंसगुल्ले पेश करें। उनके गीतों में भी प्रहसन एक आवश्यक विधा रही हैं। लेकिन 1974 में रिलीज 'कुंवारा बाप' फिल्म में एक गीत ऐसा है जो कॉमेडियनों के उस्ताद महमूद पर फिल्माया गया है और यह हंसने के बजाय आदमी को भावुक होने पर मजबूर करता है।

फिल्म में एक अबोध बच्चे के लालन-पालन पर लगे महमूद ने गीत

आ री आजा, निंदिया तू ले चल कहीं,

उड़नखटोले में दूर दूर दूर, यहां से दूर'...

में अभिनय कर अपनी प्रतिभा जगजाहिर की है। यह गीत आज एक बेहतरीन लोरी के रूप में याद किया जाता है। कई लोग इसे अपने बच्चों को सुलाने में मददगार मानते हैं। इस गीत में महमूद ने भी अपनी आवाज दी है। मजरुह सुल्तानपुरी के इस गीत को संगीत से सजाया है राजेश रोशन ने और इसमें मुख्य आवाजें किशोर कुमार और लता मंगेशकर की हैं।

पैसा बोलता है

कादर ख़ान ने हिंदी फिल्मों में कई बेहतरीन संवाद लिखे हैं। उनमें गज़ब

गीत लेखन कैसे करें?

की अभिनय प्रतिभा भी देखने को मिली। इन सबके अलावा कुछ फिल्मों में उन्होंने कॉमेडियन का रोल भी किया। 1989 में रिलीज राकेश रोशन की फिल्म **'काला बाजार'** का एक गाना **'पैसा बोलता है'** जानी लीवर और कादरखान पर फिल्माया गया है। यह गाना और फिल्म लोगों को काफी पसंद आई थी। यह गीत बताता है कि पैसा आदमी की जिंदगी में कितना अहम है। उसके बिना कोई काम नहीं चल सकता। नितिन मुकेश की आवाज में यह गीत नोटबंदी के समय लोगों को पैसा की याद दिलाता रहा होगा।

सज रही गली मेरी मां चुनरी गोते में

हास्य का एक और बेमिसाल गीत 1974 में रिलीज **कुंवारा बाप** फिल्म में था। यह गीत महमूद ने गाया है। इस गीत को हिजड़ों और महमूद पर फिल्माया गया। इसमें हिजड़े महमूद को बच्चे का अभिभावक बनने पर बधाई देते हैं। बिना मुर्गी अंडा कहकर व्यंग्य भी करते हैं।

कोरस में इस गाने का फिल्मांकन होता है। महमूद की आवाज और उनका अभिनय इस गीत को यादगार बनाता है। फिल्म की थीम होने की वजह से यह गीत काफी चर्चित रहा। राजेश रोशन ने इस गीत में संगीत दिया था। गीत के बोल-अम्मा तेरे मुन्ने की गजब है बात, **ओय चंदा जैसा मुखड़ा किरण जैसे हाथ** मातृत्व की छटा बिखेरते हैं।

आजकल के दौर में हास्य कवितायें तो खूब कही जाती हैं। हास्य कवि सम्मेलनों की भी भरमार रहती है। इनमें सोशल मीडिया पर कपिल शर्मा शो दर्शकों को काफी पसन्द है। इतने सब के बावजूद एक हास्य कविता को गीत के रूप में प्रस्तुत करने का चलन प्राय: समाप्त सा होता जा रहा है।

नयी फिल्मों में भी हास्य गीतों का अभाव सा होता जा रहा है। मैं अपने नवोदितों से चाहूंगा कि वे इस दिशा में काम करें। विशुद्ध हास्य को गीतों का स्वरूप प्रदान करके समाज का स्वस्थ मनोरंजन करें।

दर्द भरे/Sad Songs

वे गीत जो हमें दर्द का एहसास कराते हैं। हमारी आत्मा को झकझोर जाते हैं। खुशनुमा माहौल को भी ग़मगीन बनाने की कुव्वत रखते हैं। दर्द भरे गीत कहलाते हैं।

गीतकारों के लिये जरूरी नहीं कि ऐसी कोई घटना घटे, जहाँ दुःख झलकता हो। सुख दुःख के लम्हें जीवन में जब-तब गुजरते रहते हैं।

खुशी में भी दुःख का एहसास कराया जा सकता है। एक शादी के खुशनुमा माहौल में भी एक महबूब के जज़्बात ठहर नहीं पाते। जो कल तक उसकी महबूबा थी वह आज किसी दूसरे की दुल्हन होने जा रही है।

सोचिये क्या गीत उभर सकता है? जी हाँ दोस्तों मुकेश द्वारा गाया यह गीत जुवाँ पर अनायास ही आ जाता है।

"मुबारक हो सबको समा ये सुहाना
मैं खुश हूँ मेरे आंसूओं पर न जाना
मैं तो दीवाना दीवाना दीवाना"

किस तरह गीतकार ने खुशी को ग़म में बदला है। अपने जज्बात इतने लोगों के बीच भी किस तरह व्यक्त किये हैं देखते ही बनता है

"ये शहनाईयाँ दे रही हैं जुदाई
कोई चीज अपनी हुई है पराई
किसी से मिलन है, किसी से दुहाई
नये रिश्तों ने तोड़ा नाता पुराना
मैं तो दीवाना दीवाना दीवाना"

शब्दों की क़रामात देखते ही बनती है। एक सफल गीतकार वही है जो इस तरह सुख दुःख का समावेश अपने शब्दों के माध्यम से कर सके। विशेष बात यह है कि थीम/बिषय कोई भी हो, हमें अपना कुछ नया अन्दाज प्रस्तुत करना है।

"राही मनवा दुःख की चिंता क्यों सताती है

दुःख तो अपना साथी है।"

दुल्हन की विदाई के अवसर पर हमेशा ही यह गीत सुनने को मिलता है।

"बाबुल की दुआयें लेती जा

जा तुझको सुखी संसार मिले "

कोई भी ऐसा पिता नहीं होगा, जिसकी आँखें इस गीत को सुनकर नम न हुई होंगी। एक माल गीत के शब्दों का कमाल, उस पर ऐसा दर्द भरा संगीत और फिर मौहम्मद रफ़ी की वह दिलकश आवाज जिसने सुख दुःख के हर लम्हें को मूर्त बना दिया है, उसमें प्राण फूंक दिये हैं।

कहते हैं जब मौहम्मद रफी ने यह गीत गाया वह स्वंय रो पड़े थे। गीत गाते वक्त उनकी आँखें भर आयी थी। यह कमाल गीतकार की लेखनी से उभरता है और संगीतकार टीम, गायक के रास्ते अभिनेता तक सफर तय करता है।

दुःख का विषय है। जब तक यह जनसामान्य तक पहुंचता है क्रम बदल जाता है। सबसे पहले अभिनेता को याद किया जाता है फिर बारी आती है सिंगर की और इसी तरह संगीतकार की तरफ चलते हुए अन्त में लोग गीतकार को याद करते हैं।

गीतकार जो कि ईमारत की बुनियाद है उसी को हमने भुला दिया है। फिल्म जगत में यह भी दर्द का विषय कहा जायेगा कि सभी तरह की प्रतियोगिताओं का आयोजन होता है। सिंगिंग कम्पटीशन एक्टर/कलाकार के लिये तमाम

इण्टरव्यू बगैरह-बगैरह जब तक चलते रहते हैं। हालांकि इनमें आधे से ज्यादा केवल दिखावा मात्र होते हैं। कलाकारों से एक अच्छी फीस लेकर आयोजन तक ही सीमित होकर रह जाते हैं।

यह भी दुःख का विषय है कि एक सृजनकार/गीतकार के लिये ऐसे भी प्लेटफार्म नहीं हैं। उसकी प्रतिभा मात्र काव्य गोष्ठी, काव्य संध्या अथवा कवि सम्मेलनों तक ही सिमटकर रह जाती है। उसके अरमान कहीं दबे के दबे रह जाते हैं।

फिल्म जगत से जुड़े लोग उसकी कृति, उसकी रचना, उसके इस गीत को प्रमोट करने के लिए पैसे की मांग करते हैं। तरह-तरह से उसे घुमाते हैं। एक प्रतिभा के साथ खिलवाड़ किया जाता है।

जहाँ तक प्रकाशन का प्रश्न है वहाँ भी वह असफल नज़र आता है। सैकड़ों बार अपने ही व्यय पर ये सामग्री प्रकाशनार्थ भेजता है परन्तु एक या दो बार प्रकाशन को वह अपनी सफलता मान कर संतोष करके बैठ जाता है। यही दर्द यही टीस एक कलाकार की आत्मा को चोट पहुंचाती है। गीतकार एक तरह कागजों/डायरी/मोबाइल में ही क़ैद होकर रह जाता है।

इस टीस को मिटाने के लिये भी वह दर्द भरे नगमें सृजित कर डालता है। कोई सुने न सुने वो ऊपर वाला परमपिता परमेश्वर तो शायद सुनता होगा। मगर वह परमपिता परमात्मा भी तब असफल नजर आता है जब एक गीतकार लिखता है

"होगा मसीहा सामने तेरे फिर भी न तू कुछ कर पायेगा

तेरे अपना खून ही एक दिन तुझको आग लगायेगा

आसमान पर उड़ने वाले मिट्टी में मिल जायेगा

कसमें वादे प्यार वफ़ा वादे हैं वादों का क्या "

मशहूर गीतकार सन्तोषानन्द जिनका लिखा गीत **एक प्यार का नग़मा** है किसकी जुवां पर न होगा। और भी न जाने कितने हिट गीत उनकी कलम से निकले हैं। लेकिन उनके जीवन के अंतिम लम्हों को मैंने दूरदर्शन पर जब

गीत लेखन कैसे करें?

देखा मुझे बहुत दुःख हुआ। उनके परिजनों का दुर्घटना की वज़ह से जुदा हो जाना चिंता का सबब बन गया। उनके पैर की हड्डी का टूटना चलने फिरने से भी मोहताज हो जाना देखकर आंखें भर आयी।

टी.वी. शो के दौरान ऐसा ग़मगीन माहौल हर किसी की आँख के आंसू उनकी व्यथा को दर्शा रहे थे। फिर भी उनका स्वाभिमान उन्हें किसी की दया, भीख की इजाजत नहीं देता। आज भी वे गीत लिखकर ही जीवन यापन कर रहे हैं। फिल्म जगत की ऐसी बुनियाद जिस पर ईमारत टिकती है वह आज कमजोर होती जा रही है। परिणामस्वरूप आज भी फिल्में भी इतने प्रयासों के बावजूद सफलता के झण्डे गाड़ने में कामयाब नहीं है।

गीतकार भले ही कितने ग़म में रहा है। उसने समाज के हर सुख दुःख को जिया है। अपनी कलम से उकेरा है। वह जीवन की अंतिम सांस तक लिखता रहेगा... लिखता रहेगा... लिखता रहेगा....

डिस्को गीत

अंग्रेज़ी में DISCO का क्या अर्थ होता है? डिस्को। डिस्को संगीत का एक प्रकार है, जो 1970 के दशक में लोकप्रिय था। हालांकि इसके बाद से इसमें वर्तमान समय सहित संक्षिप्त पुनरुत्थान का आनंद लिया गया है।

[10] शब्द डिस्कोथेक से निकला है। इसकी प्रारंभिक श्रोताओं ने अफ्रीकी अमेरिकी, जीएलबीटीक्यू, इतालवी अमेरिकी, लेटिनो और न्यूयॉर्क शहर और फिलाडेल्फिया में साइकेडेलिक समुदायों से 1960 के दशक के अंत और 1970 के दशक के शुरुआती दिनों के दौरान क्लब-प्रेमी शामिल थे। इस अवधि के दौरान डिस्को भी रॉक संगीत के वर्चस्व और प्रतिवाद के द्वारा नृत्य संगीत के कलंक दोनों के खिलाफ एक प्रतिक्रिया थी।

महिलाओं ने भी डिस्को को गले लगाया, और संगीत अंततः कई अन्य लोकप्रिय समूहों के लिए विस्तारित हो गया। [12] [13] [14] [15] [16] [17] [18] [19] डिस्को शैली वाले क्लबों के लिए एक अग्रदूत माना जाता है, फरवरी 1970 में न्यूयॉर्क शहर डीजे डेविड मन्कुसो ने द लॉफ्ट खोला, अपने ही घर में केवल एक निजी डांस क्लब का निर्माण किया। [20] [21] ऑलम्यूज का दावा है कि एसाक हयेस और बैरी व्हाइट बज रहे थे, जिन्हें 1971 के शुरूआती दिनों में डिस्को संगीत कहा जाता था।

संगीत निर्देशक के मुताबिक, पहले डिस्को गीत क्या था, इसकी असहमति है।

शब्दकोश में डिस्को की पहली परिभाषा एक अवसर है। जिस पर आमतौर पर युवा लोग बढ़ते पॉप रिकॉर्ड में नृत्य करते हैं। आमतौर पर एक डिस्क जॉकी द्वारा समृद्ध और विशेष प्रकाश प्रभाव दिखाते हैं।

डिस्को की अन्य परिभाषा एक नाइट क्लब या अन्य सार्वजनिक स्थान है। जहां इस तरह के नृत्य होते हैं। एक डिस्को के लिए संगीत प्रदान करने के लिए डिस्को भी मोबाइल उपकरण है। आमतौर पर डिस्क जॉकी के साथ चलती है।

I Am A Disco Dancer song lyrics in Hindi from

movie Disco Dancer sung by Vijay Benedict and composed by Bappi Lahiri. The song is written by Anjaan. Featuring Mithun Chakraborty. Song Title: Tum Ho To Lagta Hai Movie: Disco Dancer (1982) Singers: Bappi Lahiri, Vijay Benedict Lyrics: Anjaan Music: Bappi Lahiri Music Label: Shemaroo I Am A Disco Dancer Hindi Lyrics Track Your Favorite Artists on Bands Intown Will you dance with me..? Yess… Say D.. D.. Say I.. I.. Say S.. S.. C.. C.. O.. O.. Disco.. Disco.. Disco.. Disco.. Yaa.. I am a disco dancer

I am a disco dancer I am a disco_ dancer

ज़िन्दगी मेरा गाना, मैं किसी का दीवाना तो झूमो, तो नाचो, आओ मेरे साथ नाचो-गाओ

I am a disco dancer ओए

I am a disco dancer ओए

I am a disco dancer

दोस्तों मेरी ये ज़िन्दगी, गीतों की अमानत है

मैं इसलिए पैदा हुआ हूँ ये लोग कहते हैं

मैं तब भी गाता था, जब बोल पता नहीं था

ये पाऊं मेरे तो, तब भी थिरकते थे

जब चलना आता नहीं था

नगमों की मस्ती है, मेरी जवानी में

है डांस मेरे लहूँ की रवानी में, हा हा हा.. हो हो हो…

या हो मेरी हार, हो हो हो… या हो मेरी जीत हो हो हो…

यही मेरे गीत, तो झूमो, तो नाचो आओ मेरे साथ नाचो गाओ

I am a disco dancer

I am a disco dancer

I am a d Isco dancer

D से क्या होता है..? डार्लिंग.. आहा दीवाना.. आहा डिस्को.. आहा

D से होता है डांस, I से होता है आइटम S से होता है सिंगर, C से होता है कोरस, O से ऑर्केस्ट्रा

Hello beaut Iful What's your name?

N Isha! तुम्हें मालूम जवानी क्या होती है ?

नहीं मालूम हा हा हा..

जवानी एक लहर है, जवानी एक नशा है जवानी जिस पे आता है, वही जाने ये क्या है

दो दिन की हस्ती में, सदियों की मस्ती है, बिंदास बागी जवानी

दिल प्यासे मिलते हैं, ऐसे जवानी में, कैसे मिले आग पानी

इस उम्र में क्यूँ ना मनमानी कर जाये, मस्ती की राहों में

हद से गुजर जायें हा हा हा... ओ हो हो... जहाँ मिले प्यार, ओ हो हो... वहीँ मेरे यार ओ हो हो... जाये निशार, तो झूमो, तो नाचो, आओ मेरे साथ नाचो गाओ

I am a d Isco dancer

I am a d Isco dancer

I am a d Isco dancer

ज़िन्दगी मेरा गाना ला ला ला ला

मैं किसी का देवाना, ला ला ला ला तो झूमो तो नाचो

आओ मेरे साथ नाचो, गाओ

I am a d Isco dancer

I am a d Isco dancer Yes I am a d Isco dancer

डिस्को डांसर.. डिस्को डांसर..डिस्को डांसर.. डिस्को डांसर..

शास्त्रीय संगीत पर आधारित गीत

शास्त्रीय संगीत पर आधारित गीत लिखने से पूर्व हमें शास्त्रीय संगीत के विषय में कुछ जानकारी ले लेनी चाहिये।शास्त्रीय संगीत सुखद ध्वनि (स्वर या वाद्य) है जो हमें सद्भाव और उच्चतर आनंद का अनुभव करने के लिए प्रेरित करता है। संगीत मानव जीवन का एक अनिवार्य हिस्सा है। भारतीय संगीत की न केवल देश के भीतर बल्कि पूरे विश्व में एक विशेष पहचान है।

भारतीय संगीत का पारंपरिक स्वरूप पूरे युग में जीवंत है। इसने देश में न केवल आम लोगों का मनोरंजन किया है, बल्कि इसके प्रेमी दुनिया भर में हैं।

संगीत ललित कलाओं में से एक है। कला के अन्य रूपों की तरह, इसमें रचनात्मकता, तकनीकी कौशल और कल्पना शक्ति की आवश्यकता होती है। नृत्य, रंगों की गति और चित्रकारी की एक कलात्मक अभिव्यक्ति है। उसी प्रकार संगीत ध्वनियों का है। जिस प्रकार आँखों के लिए एक सुंदर दृश्य है। सुगंध नाक के लिए है। स्वादिष्ट पकवान तालू (Palate) के लिए है और कोमल स्पर्श त्वचा के लिए है, उसी तरह संगीत कानों के लिए है।

भारतीय संगीत में क्षेत्रीय शैली भी हैं, लेकिन मूल एकता यानी रागों और ताल की अवधारणा समान रूप से प्रचलित है। कोई आश्चर्य नहीं कि भारत का दुनिया के अन्य हिस्सों में संगीत के पैटर्न पर प्रभाव है। अफगानी संगीत, फ़ारसी संगीत, रूसी संगीत और यहाँ तक की पश्चिमी संगीत में भी भारतीय रागों और ताल का प्रभाव दिखाई पड़ता हैं।

भारतीय संगीत, भारत के शास्त्रीय नृत्यों और नाटकों के लिए सबसे उपयुक्त है। नृत्य अपने आप में एक्शन, गीत, माइम और लय को जोड़ती है। शास्त्रीय नृत्य, जैसे भारतीय शास्त्रीय संगीत का ताल अवधारणा पर प्रभुत्व है।

भारतीय संगीत माधुर्य पर आधारित है। इसे राग और ताल अवधारणाओं पर बनाया गया है। शास्त्रीय संगीत की दो प्रमुख प्रणालियां हैं, हिंदुस्तानी प्रणाली और कर्नाटक प्रणाली। उनके बीच मतभेद, उनकी सैद्धांतिक नींव की तुलना में अधिक व्यवहार में हैं। सबसे प्रसिद्ध भरत का नाट्य शास्त्र और सारंगदेवा का संगीत हैं। दोनों प्रणालियों ने बड़ी आत्मसात शक्ति दिखाई देती हैं। उन्होंने

एक-दूसरे को परस्पर प्रभावित भी किया है। हिंदुस्तानी प्रणाली पूरे भारत के उत्तर और पूर्व में प्रचलित है।

सबसे प्रसिद्ध भारतीय संगीत वाद्य यंत्र वीणा है। इसे महाकाव्यों और अन्य प्राचीन पुस्तकों में देखा जाता है। इसे विद्या की देवी सरस्वती का वाद्य बताया गया है। इसमें दो बड़े तुम्बी और सात तारों पर चढ़ा हुआ एक फ्लैट-बोर्ड होता है। यंत्र को तारों के एक विक्षेपण द्वारा बजाया जाता है। इसे दाहिने हाथ से और बायीं ओर से तैयार किए गए नोटों द्वारा बजाया जाता है। अन्य तारयुक्त वाद्ययंत्रों में सितार, गिटार, बैंजो आदि हैं।

बांसुरी भगवान कृष्ण से जुड़ा पवन वाद्य यंत्र है। दक्षिण में नागास्वरम और उत्तर में विवाह और त्योहारों जैसे शुभ अवसरों पर इसका वादन (शहनाई के रूप में) किया जाता हैं। दक्षिण भारत में मंदिरों के जुलूसों के लिए नागाश्वरम अपरिहार्य है। लोक और जनजातीय संगीत में कई प्रकार के सींग और बगलों का उपयोग किया जाता है। पश्चिमी प्रकार के पीतल के उपकरण केवल सैन्य और पुलिस बैंड में प्रचलित हैं।

भारत का संगीत इतिहास काफी गौरवशाली है। कुछ पश्चिमी प्रभावों के बावजूद, भारतीय संगीत अभी भी अपनी सामग्री और संरचना के गुणों के कारण चमक रहा हैं। वर्तमान फिल्म और रैप संगीत युवाओं को अधिक से अधिक प्रभावित कर रहा है।

शास्त्रीय संगीत पर आधारित गीत या वे गीत जिन्हें संगीतकारों ने अपनी कला कौशल के माध्यम से शास्त्रियता का ताना बाना बुनकर एक नया लुक प्रदान किया है। इस तरह के गीतों का सृजन करना थोड़ा मुश्किल होता है।

आमतौर पर आजकल के युवा शास्त्रीय संगीत से मानों दूर हो गये हैं। अपने दिल और दिमाग को केन्द्रित कर देर तक सुनना उन्हें उबाऊ लगता है। जब कि मैं यह कहना चाहूँगा कि शास्त्रीय अर्थात् कोई भी कार्य जब हम शास्त्रीय अर्थात् शास्त्रों के नियमानुसार करते हैं तो उसको आगे चलकर कोई चुनौती देने वाला नहीं होता।

शास्त्रीय ज्ञान का अभाव, चाहे वह गीतकार या संगीतकार खिलाड़ी या अन्य कोई भी व्यक्ति है, उसके मार्ग में आगे बढ़ने के लिये सबसे बड़ी कमजोरी

 गीत लेखन कैसे करें?

है। क्रिकेट में भी टेस्ट मेच शास्त्रियता का एक बेमिसाल उदाहरण है। गीत-संगीत के किसी भी तरह के कम्पटीशन के लिये तैयारी करें। शास्त्रीय अर्थात् विधिवत तरीके से उसका ज्ञान अवश्य लें। किसी भी बड़े मंच पर जाने से पूर्व अपनी पूर्ण तैयारी अवश्य करें!

यहाँ पर कुछ प्रसिद्ध फिल्मी गीतों का जिक्र करना चाहूंगा-

ओ दुनिया के रखवाले (बैजू बावरा)

मन तड़पत हरिदर्शन को आज (बैजू बावरा)

मधुवन में राधिका नाचे रे (कोहिनूर)

नाचे मन मोरा मगन तिक दा धीगी

अजहुँ न आये बालमा सावन बीता जाय

लागा चुनरी में दाग छुपाऊँ कैसे

का करूँ सजनी आये न बालम

बाजू बंद खुल-खुल जाए

बाबुल मोरा नैहर छूटो ही जाय

और भी बहुत सारे गीत हैं जो शास्त्रीय रागों पर आधारित हैं।

वे सृजनकार जो शास्त्रीय संगीत प्रारम्भ से नहीं सीख पाये हैं। उनके लिये एसी कोई चिंता का विषय नहीं है कि वे शास्त्रीय गीत नहीं लिख सकते। इसके लिये वे इतना तो कर ही सकते हैं कि शास्त्रीय संगीत पर आधारित गीतों को कई-कई बार सुने। उनके शब्दों पर मनन करें तो अवश्य हम इस तरह के गीतों का सृजन कर सकते हैं।

इसके अतिरिक्त भी गीतकार के द्वारा लिखे गीत को संगीतकार किस तरह शास्त्रीय जामा पहना देता है। यह कुशल संगीतकार बखूबी जानता है। प्रसिद्ध गीत

हमें तुमसे प्यार कितना ये हम नहीं जानते
मगर जी नहीं सकते तुम्हारे बिना

इस गीत को किशोर कुमार ने गाया है लेकिन इस गीत का शास्त्रीय वर्जन परवीन सुल्ताना ने जिस तरह प्रस्तुत किया वह गीतकार के एक गीत को शास्त्रियता में बांधने का बेहतरीन उदाहरण है।

गीत लेखन कैसे करें?

लोक गीत

सिनेमाई गीतों ने नई रुचि पैदा करने और विभिन्न लोक-संस्कृतियों से अवगत कराने का बड़ा काम किया है। इस बहुभाषीय देश में सभी की रुमानियत परवान चढ़ सके, इसका पूरा ख्याल सिनेमाई गीतकारों-संगीतकारों ने रखा।

जब हिन्दी सिनेमा आवाज की दुनिया में दाखिल हुआ तो लोकगीतों को पहली मर्तबा रागों में पिरोने का काम बड़े स्तर पर शुरू हुआ।

होली त्योहार का गीत-

"अरे...जा ...रे... हट नटखट

पलट के दूंगी आज तोहे गारी रे

मुझे समझो न तुम भोली-भाली रे ...।

यह राग पहाड़ी पर आधारित है। पारंपरिक त्योहारों-मौसमों पर ऐसे हजारों लोकगीत हैं। इसके अलावा दैनिक कामों में लगे लोगों के मनोभावों को अभिव्यक्त करने के लिए भी कई आंचलिक गीतों का सहारा लिया गया।

"उड़े जब- जब जुल्फें तेरी

कुवांरियों का दिल मचले दिल मेरिये... "

इस गीत से पंजाब की गलियों में खिलते रूमानियत के फूल की खुशबू आती है। हिन्दी सिनेमा में लोकगीतों की परंपरा को समृद्ध करने के लिए, दूसरी भाषा के गीतों का इस्तेमाल बड़ी उत्सुकता से किया गया।

कवि प्रदीप ने **'पियु पियु बोल '** गीत लिखा। यह गीत काफी लोकप्रिय हुआ। जबकि यह प्रसिद्ध गुजराती लोकगीत **'मारो छे मोर'** पर आधारित है।

आज के दौर की बात करें तो **'चल छैयां-छैयां'** हमें याद आता है जो दक्षिण भारतीय लोकधुन पर आधारित है। इन सभी गीतों में इतनी मिठास है कि कई-कई बार लोग इसे सुनते हैं। तीन-चार मिनट के इन लोकगीतों में इतनी कसक और नोस्तालजिया है कि पूछिए मत!

हमारे सामने सीधे गांव-कस्बों की तस्वीर उभर आती है। इसे बार-बार सुनने- देखने की तबीयत होती है।

जब मुम्बई नगरी फिल्म उद्योग का केंद्र बनने लगी तो जगह-जगह के लोग फ़िल्मी दुनिया में किस्मत आजमाने आने लगे। जो आए वे अपने साथ गांव-कस्बों की माटी की महक और लोक धुनों को भी लाए। इसी दौरान लाहौर से गुलाम हैदर का बंबई आना हुआ। उनके साथ ठेठ पंजाबी ढोलक और ड्रम भी आए। उन्होंने चौथे दशक के प्राम्भिक काल में ही पारंपरिक शैलीगत संगीत से मुक्ति का एलान किया।

नौशाद अली ने ढोलक को फ़िल्मी दुनिया में महत्वपूर्ण वाद्य के रूप में स्थापित कर दिया। इन्होंने **'रतन'** फिल्म के माध्यम से उत्तर प्रदेश के लोकगीतों को प्रस्तुत किया। जोहराबाई अंबालावाली का गाया-

"अंखिया मिला के, जिया भरमा के, चले नहीं जाना" हर जुबान पर चढ़ा। आगे लोक-मिश्रण की वजह से कई सिनेमाई गीत लोकप्रिय हुए।

पंजाबी लोकगीत **'मैं झूठ बोल्या'** हो या फिर ठेठ पूरबिया **'पान खाए सैंया हमार'**। लोकधुनों पर आधारित सरल संगीतमय गीतों की सफलता में तत्कालीन सामाजिक परिस्थितियों ने भी अपनी तरफ से महत्वपूर्ण भूमिका अदा की। उसी जमाने से लोग गांव छोड़ कर शहरों में बसने लगे।

वे बड़े शहरों-महानगरों और बन पड़ा तो विदेश की ओर पलायन करने लगे। लेकिन, गांव की संस्कृति से अलग होकर भी वहां की स्मृतियों को जहन से मिटा नहीं पाए। वो धुनें कान पर पड़ी नहीं कि छोड़ आए उन गलियों में स्मृतियां पुन: लौट आती हैं। मन गाने लगता है-

"मेरे देश में पवन चले पुरबाई"

बसंत आया नहीं कि सब कुछ पीला दिखने लगता है। एक अजीब खुमारी छा जाती है। पंजाब की गलियों में चारो तरफ आवाज गूंजने लगती है-

गीत लेखन कैसे करें?

पीली-पीली सरसों फूली पीली उड़े पतंग पीली- पीली उड़ी चुनरिया **पीली पगड़ी के संग आई झूम के बसंत।**

लोकगीत कई नयी अनुभूतियों के साथ खुद को बदलता जाता है। अब तो देहाती धुनों-बोलों में शहरी नवीनता मिलने लगी है। हाल में आई **'बंटी और बबली'** फिल्म के गाने इसके गवाह हैं। यहां ठेठ देहाती शब्दों के बीच अंग्रेजी के शब्दों का भी इस्तेमाल हुआ है।

'कजरारे - कजरारे मोरे कारे - कारे नैना

.... पर्शनल से सवाल करते हैं। 'यहां पर्सनल क्या है? और मोरे, कजरारे, कारे वगैरह। ये सभी तो अंचल की खुशबू देते हैं।

गीतों के साथ लोकवाद्य- यंत्र भी खूब प्रचलित हुए। 'बीन' को ही देखें! कल्याणजी-आनंदजी ने इसका खूब इस्तेमाल किया। ' नागिन' फिल्म से चला दौर अब तक जारी है।

अब क्या है न कि एक मर्तबा

'बंबई नगरिया तू देख बबुवा'।

देश के सुदूर हिस्सों से आए लोगों की जमात ने इस नगरी में भाषा के स्तर पर बिल्कुल भेलपुरीनुमा हिन्दी यानी, बंबइया हिन्दी को धनी बनाया। वैसे इसे तकनीकी दृष्टि से ' पिजिन ' माना जाता है। अर्थात, यह बोली तो है पर किसी की मातृबोली नहीं है और न ही इसका प्रयोग औपचारिक अवसरों पर किया जाता है। क्या यह आश्चर्य की बात नहीं कि जिस जगह की अपनी कोई मातृभाषा नहीं है, उसने लोकगीतों-संगीतों की नवीन रचना के वास्ते उपयुक्त जगह और माहौल प्रदान किया।

संगीतकार नौशद का मानना है कि गीतकार डी. एन. मधोक लोकगीतों को हिन्दी सिनेमा में स्थान देने वाले शुरूआती लोगों में बड़े महत्वपूर्ण व्यक्ति थे। सन् 1940 में बनी ' प्रेमनगर' के लिए उन्होंने लोकगीतों पर आधारित गाने लिखे जैसे-

'मत बोल बहार की बतियां, धधक गई मोरी छतियां।'

नए शोध से यह बात सामने आई है कि सन् 1931-1933 से ही कई अनजान गीतकार लोकगीतों पर आधारित गाने फिल्मों के लिए लिख रहे थे।

एक बानगी-

"साँची कहो मोसे बतियां, कहां रहे सारी रतियां।" से लेकर आज तक अनेक गीतकारों-संगीतकारों ने गायन की लोक-कला को फिल्मों में दिखाने-सुनाने में जबरदस्त रुचि दिखाई।

याद कीजिए 'गंगा यमुना' का गीत –" तोरा मन बड़ा पापी सांवरिया" इसे खुद नौशाद ने ठुमरी शैली में प्रस्तुत किया था। इसमें आंचलिकता की खास खुशबू है।

आगे 'मोरा गोरा अंग लई ले ' (बंदिनी),'

जिया ले गयो री मोरा सांवरिया' (अनपढ़),

'तोरा मन दर्पण कहलाए '(काजल)

जैसे गीतों में मोरा-तोरा की देशज महक अलग ही है।

शब्दों के उच्चारण से भी आंचलिकता का आभास कराया गया। 'मिलन' का सदाबहार गीत ' सावन का महीना पवन करे सोर' यहां शोर की जगह सोर उच्चारण किया गया है। इससे लोक-ध्वनि स्वत: उत्पन्न हो जाती है।

हिन्दी सिनेमा में ऐसे हजारों गीत हैं जिसे लोकभाषा में गुन-बुन कर धुनों में पिरोया गया। याद करें-

इन्हीं लोगों ने ले लीन्हा दुपट्टा मोरा ' (पाकीजा)

'चलत मुसाफिर मोह लिया रे पिंजरे वाली मुनिया' (तीसरी कसम) या

फिर "चप्पा-चप्पा चरखा चले" (माचिस)। ये आज भी कानों में पड़ते हैं तो तबीयत रूमानी हो जाती है। ऐसे माहौल में सब कुछ हमारी रूचि का हो जाता है। भात-मांछ, बड़ा-पाव, बड़ा-सांभर, दाल-रोटी सब कुछ और हम मजे में इसे खाते गीत सुनते हफ़्तों गुजार देते हैं।

लोकगीतों का विस्तार तो थमने का नाम ही नहीं लेता। इतनी सब जानकारी के उपरान्त आपका मन भी हो रहा होगा कि कोई लोकगीत लिखा जाये। आईये लिखें ऐसा ही कोई लोकगीत "निम्बोड़ा-निम्बोड़ा-निम्बोड़ा...

लोकगीतों को कैसे लिखा जाये

कहते हैं एक गाँव से दूसरे गाँव, एक शहर से दूसरे शहर, एक देश से दूसरे देश जाने पर बोली बोलने का लहजा, शब्दों का उच्चारण, रहन-सहन, खान-पान तौर-तरीके बदल जाते हैं। इसी तरह और भी कई परिवर्तन हमें देखने को मिल जाते हैं। यही परिवर्तन वहाँ की एक शैली बन जाते हैं। जैसे कुमायूँनी, गढ़वाली, राजस्थानी, बुन्देलखण्डी, ब्रजी आदि।

इसी तरह से लोक भाषा का जन्म होता है और फिर उस भाषा में लिखे गये गीत लोकगीत कहलाते हैं। जिनमें उन क्षेत्रों की संस्कृति, संगीत, वहां के वाद्ययन्त्रों और वहीं के गीतकार, गायक और संगीतकारों की झलक नजर आती है।

कुछ लोगों का मत है "कि लोकगीत लोक के गीत हैं। जिन्हें कोई एक व्यक्ति नहीं बल्कि पूरा लोक समाज अपनाता है। सामान्यतः लोक में प्रचलित, लोक द्वारा रचित एवं लोक के लिए लिखे गए गीतों को लोकगीत कहा जा सकता है।"

लोकगीतों का रचनाकार अपने व्यक्तित्व को लोक समर्पित कर देता है। कजरी, सोहर, चैती, लंगुरिया आदि लोकगीतों की प्रसिद्ध शैलियाँ हैं।

लोकगीत शास्त्रीय संगीत से भिन्न है। लोकगीत सीधे लोगों के गीत होते है। घर, नगर, गांव के लोगों के अपने गीत होते हैं। इसके लिए शास्त्रीय संगीत की तरह प्रयास या अभ्यास की जरुरत नहीं होती है।

त्योंहारों और विशेष अवसरों पर यह गीत गाये जाते है। इसकी रचना करने वाले भी अधिकतर गाँव के ही लोग होते हैं। हिंदी भाषा एक समृद्ध भाषा है। पश्चिमी हिंदी के अंतर्गत खडी बोली, ब्रज, बांगरु, कन्नोजी आदि भाषायें आती हैं। अवधी, बघेली, छत्तीसगढी आदि मध्य की भाषायें मानी जाती हैं। भोजपुरी, मैथिली, मगही पूर्व की भाषाऐं है। उत्तर में कुमायूंनी है। बोलियों की बहुत सी उप-बोलियाँ हैं। सभी बोलियाँ और उप-बोलियों के लोकगीत अपना विशेष महत्व रखते है।

लोकगीतों में प्राचीन परंपरायें, रीतिरिवाज, धार्मिक एवं सामाजिक जीवन के साथ अपनी संस्कृति दिखाई देती है। ऐसे लोकगीतों में ऋतु संबंधी गीत, संस्कार गीत और जातीय गीत, शादी के गीत आदि आते है।

लोकगीत अधिकतर झाँझ या ढोलक की मदद से गाए जाते हैं। लोकगीत गाँव और इलाकों की बोलियों में गाए जाते हैं। उस क्षेत्र के लोग उसे समझते है, यही उसकी सफलता कही जा सकती है। साहित्य की प्रमुख विधाओं में लोकगीतों का स्थान सर्वोपरी है।

लोकगीत मन को छू लेने वाले होते हैं। लोकगीतों के लिए ज्यादातर पीलू, सारंग, दुर्गा, सावन, सोरठ आदि है। कहरवा, बिरहा, घोबिया आदि गामीण भागों में बहुत पाए जाते है। लोकगीत अधिकतर देहातों में पाए जाते है। चैता, कजरी, बारहमासा, सावन आदि मिर्जापुर, बनारस और उत्तर प्रदेश के पूरबी और बिहार के पश्चिमी जिलों में गाए जाते हैं।

लोकगीतों के विषय अपनी रोजमर्रा की ज़िंदगी से ही अधिकतर लिये जाते है। ऋतुओं के गीतों में फाग और पावस गीत अधिक पसंद किये जाते हैं। फाग गीत अधिकतर पुरुषों द्वारा गाये जाते हैं। ये गीत बसंत पंचमी से लेकर होली के सबेरे गाये जाते हैं।

अवधी, ब्रज, बुंदेलखंडी, छत्तीसगढी, बघेली, भोजपुरी आदि अनेक बोलियों में फाग संबंधी गीत पाए जाते हैं। पावस गीत अवधी और भोजपुरी में अधिक प्रचलित होने के बावजूद भी उपर्युक्त सभी क्षेत्रों में न्यून-अधिक माला में पाए जाते हैं।

संस्कार गीतों में जन्मगीत, मुंडन, जनेऊ, विवाह के गीत तो प्रायः सभी क्षेत्रों में पाये जाते हैं। मृत्यु समय के गीत भी महिलाओं द्वारा गाये जाते है। जातीय गीतों में भी पृथकता पायी जाती है। माँ के द्वारा गाये जानेवाली लोरी सभी जगहों पर हम देख सकते है।

खेलों के समय में भी लोकगीत गाये जाते हैं। तीसरी शताब्दी से ही प्राकृत भाषा में भी लोकगीत थे। इसका संकेत गाथासप्तशती में से प्राप्त होता है। अप्रभ्रंश काल में भी लोकगीत थे। लोकगीत अधिकतर अशिक्षित लोगों में अधिक प्रचलित थे यानी जहाँ बड़े पैमाने पर शिक्षा का प्रचार-प्रसार नहीं है उन

गीत लेखन कैसे करें?

भागों में लोकगीतों का अधिक प्रचलन पाया जाता है।

इन्हीं लोगों ने हमारी संस्कृति को संभालकर रखा है। लोकगीतों के कारण ही हमारी सांस्कृतिक परंपरायें बची हैं।

लोकसाहित्य में लोकगीतों का विशेष अध्ययन होता है। लोक कलाओं के विभिन्न प्रकारों का अध्ययन लोकसाहित्य में पाया जाता है। लोकगीतों की प्राचीन परंपरा है। ऋग्वेद के सूक्त ये भी एक प्रकार से लोकगीत ही हैं। ऋग्वेदों में जो संवादसूक्ते हैं वह एक प्रकार से लोकगीत ही है।

लोकगीतों की परंपरा मौखिक है। आज हम इस पर चिंतन, मनन कर रहे है। आज उसी को कागजों पर उतारने का प्रयास लोकसाहित्य के माध्यम से हो रहा है।

लोकगीतों के प्रकार –

1. सोहर गीत 2. मुंडन गीत 3. जनेऊगीत 4. विवाह गीत 5. उत्सव गीत 6. खेल गीत

7. पेषा गीत 8. जातीय गीत 9. लोकगाथा गी 10. पर्व गीत

लोकगीतों का गायन महिला एवं पुरुषों द्वारा किया जाता हैं। कई बार समूह यानी दलीय गायन भी महत्वपूर्ण है। इनमें मुख्य नाम कुछ इस प्रकार हैं- डॉ. शंकर प्रसाद, भरत शर्मा, ब्रज किशोर दुबे, संतराज सिंह, कविता चौचरी, उमाकान्त कमल, उर्वशी, रेणुका सहाय आदि लोक गायक हैं।

राजस्थानी लोकगीत का एक उदाहरण – प्रेम और विरह का लोकगीत

"आरा,रा,रा,रा,

काल्यों कुद पडो मेलो में ...

सायकल पम्चर कर लायों

आरा,रा,रा,रा, ॥1॥

आरा,रा,रा,रा,

दो दीन दब जाए डोंगरीयॉ

थारी, मारी बाजणाॅए बाजे

आरा,रा,रा,रा, ॥2 ॥"3

इन पंक्तियों में प्रेमी और प्रेमिका के बीच का प्यार दिखाई देता है। प्रेमी अपने प्यार के लिए कुछ भी करने को तैयार है। साथ ही दमित, शाशित आदिवासी के रुप में राजस्थान में बडा हिस्सा है। आदिवासी लोकगीतों की परंपरा को उन्होंने संभालकर रखा है। लोकगीतों की विभिन्न शैलीयाँ प्रचलित हैं। आदिवासी लोकगीतों का सामूहिक गान होता है।

अवधी लोकगीत (विवाह गीत) – घुमची बरन मै सुन्नर

घुमची बरन मै सुन्नर बाबा मुनरी बरन करिहांव

ळमरे बरन बर ढुंढयो मेरे बाबा तब मोरा रचहू बियाह

इहड खोज्यो बेटी बीहड खोज्यो, खोज्यों मै देस सरिवार

तोहरे जोगे बेटी कतहूॅ न पायों अब बेटी रहहू कुवाॅरि" 4

यह अवधी विवाह गीत है। विवाह के समय यह गीत समूह में गाया जाता है। इस प्रकार के विभिन्न अवधी लोकगीत ही हैं जो शादी की हर रस्म में गाए जाते है। हल्दी के समय, विदाई के समय आदि।

छत्तीसगढी लोकगीत का उदाहरण (अरपा पैरी के धार महानदी हे अपार)

"अरपा पैरी के धार महानदी हे अपार

इंदिरावती हर पखारय तोरे पईयां

महूं विनती करव तोर भुँइया

जय हो जय हो छत्तीसगढ मईया

(अरपा पैरी के घार महानदी हे अपार

ठंदिरावती हर पखारय तोरे पईयां

महूं विनती करव तोर भुँइया

जय हो जय हो छत्तीसगढ मईया)"5

पहाड़ी बोली के कुछ गीत –

"मोती सोनं नाणं, कोण पुसतो मालाला,
मन कन्यापुत्र लाला।
पाळन्याची दोरी, हालते ज्या घरात,
शाहाना धुते होत।
कय ते असून, उदंड अनधन,
नही पोटी नारायेन ॥6

इन पंक्तियों में भावपूर्ण और सौंदर्यपूर्ण चित्रण दिखाई देता है। नारी का घर धन संपन्न होने के बावजूद भी उसे पुत्र प्राप्ति नहीं होने के कारण नारी के मन का खालीपन इन पंक्तियों में दिखाई देता है। इस प्रकार नारी का हृदयस्पर्शी चित्रण इन पंक्तियों में मिलता है।

कव्वाली लेखन

इस संदर्भ में कव्वाली के ऐतिहासिक परिप्रेक्ष्य में जाने का प्रयास करते हैं।कव्वाली का आगाज मुस्लिम धर्म के सूफी पीर/फकीरों ने किया। आठवीं सदी में ईरान और दूसरे मुस्लिम देशों में धार्मिक महफिलों का आयोजन किया जाता था। जिसे समां कहा जाता था। समां का आयोजन धार्मिक विद्वानों यानी शेख की देख-रेख में किया जाता था।

समां का मकसद कव्वाली के जरिए ईश्वर के साथ संबंध स्थापित करना होता था। लेकिन जैसे-जैसे कव्वाल शब्दों को दोहराते हैं शब्द बेमायने होते जाते हैं और सुनने वालों के लिए एक पुरसुकून अहसास बाकी रह जाता है। जहां जाकर वह अध्यात्मिक समाधि में खो जाते हैं।

यही कव्वाली की कामयाबी का चरम है। कव्वाली को गाते समय कव्वाल को ध्यान रखना पड़ता है कि अगर कोई गाने वाला या सुनने वाला आध्यात्मिक समाधि में पहुंच जाए तो कव्वाल की जिम्मेदारी होती है कि वो बिना रुके कुछ ही शब्दों को तब तक दोहराता रहे जब तक वो व्यक्ति वापस पूर्व अवस्था में नहीं आ जाए।

मशहूर कव्वाल अमजद साबरी की मौत के बाद एक बार फिर दुनिया का ध्यान कव्वाली की तरफ गया है।

प्रश्न- क्या किसी खास कंठ से निकलने वाली आवाज चंद साज के साथ मिलकर ऐसी ताकत पैदा करते हैं जो बंदूकों की बोली बोलने वालों में खौफ पैदा कर दे?

आखिर कव्वाली ऐसी कौन-सी विधा है जिसके सामने खून-खराबे करने वाले तक खुद को बेहद कमजोर महसूस करने लगते हैं?

उत्तर: - कव्वाली संगीत की एक लोकप्रिय विधा है, जिसका इतिहास 700 साल से भी पुराना है। आठवीं सदी में ईरान और अफ्गानिस्तान में दस्तक देने वाली संगीत की अनोखी विधा शुरुआती दौर से ही सूफी रंगत में डूबी। वह विधा जो तेरहवीं सदी में भारत आई।

यह इस्लाम का सूफी स्वर ही था, जिसने उपेक्षा की शिकार निचली जातियों को अपनी ओर आकर्षित किया। अब जब सूफियन ने इन्हें अपना लिया है, तो इन जातियों को इनका मजहब याद दिलाने की कोशिश हो रही है। लेकिन कव्वाली तो कब की इंसानियत की आवाज बन चुकी है।

शुरुआत में सूफियों ने अमन और सच्चाई का पैगाम पहुंचाने के लिए मौसिकी और समां का सहारा लिया। ईरान से चलकर कव्वाली भारत आयी और भारत के सूफी संतों ने कव्वाली को लोकप्रिय बनाया।

इसमें चिश्ती संत शेख निजामुद्दीन औलिया का प्रमुख योगदान रहा। इसके बाद अमीर खुसरो ने भारतीय संगीत और लोक भाषाओं का समायोजन करके कव्वाली को अपने समय की संगीत की एक विकसित और लोकप्रिय विधा के रूप में स्थापित किया।

प्रार्थना, भजन की तरह कव्वाली में भी शब्दों का ही असली खेल है, लेकिन कव्वाली की विशेष बनावट के कारण शब्दों और वाक्यों को अलग-अलग तरीके से निखारकर गाया जाता है। हर बार किसी विशेष स्थान पर ध्यान केंद्रित करने से अलग-अलग भाव सामने आते हैं।

कव्वाली एक गायन पद्धति तो है ही, लेकिन सैकड़ों साल पुरानी एक परंपरा का भी नाम है। वो परंपरा जो ईरान-अफगानिस्तान होते हुए दुनिया के बड़े हिस्से में आहिस्ता-आहिस्ता पैठ बनाती गई और अब छा चुकी है।

कव्वाली दर्शकों को लुभाने का खेल नहीं, बल्कि सूफी संतों को न्यौता देने की परंपरा का हिस्सा है। मंच पर बैठे कव्वालों में भी वरिष्ठता का खास ध्यान, सबसे वरिष्ठ सबसे दाएं और इसी तरह घटता हुआ क्रम, इसके बाद मुख्य कव्वाल आलाप के साथ कव्वाली का पहला छंद गाते हैं। ये या तो अल्लाह की शान में होता है या सूफी रहस्य लिए। अमीर खुसरो, बुल्ले शाह, बाबा फरीद, ख्वाजा गुलाम फरीद, हजरत सुल्तान बाहू, वारिस शाह... ये नाम सुनते ही सूफियाना रंगत में डूबा कलाम याद आता है।

मुहब्बत के दीन को फैलाने वाला कलाम अपने बोल, अपने अंदाज, अपनी गायकी और दिल को छूने की क्षमता की वजह से पीरों के मजारों या सूफियों की मजलिसों तक ही सिमटा नहीं रहा, यह जन-जन की आवाज बन

चुकी है। इस्माइल आजाद, आगा सरवर, शकीला बानो भोपाली, अजीज नाजां, यूसुफ आजाद, राशिदा खातून, उस्ताद नुसरत फतेह अली खान ने कव्वाली को जनता के दिलों की धड़कन बना दिया और अब तो आलम ये है कि इसका जादू सात समंदर पार गोरों के सिर चढ़ कर भी बोलने लगा है।

कव्वाली एक प्रकार का कम्पटीशन जैसी विधा है। जैसे हॉकी जिसमें दो टीमें आमने-सामने होती हैं। मुकाबला डटकर होता है। टक्कर कांटे की कौन टीम जीतेगी एक क्लाईमेक्स अन्त तक बना रहता है। यहाँ भी वैसा ही नायक और नायिका अपनी-अपनी टीम के कप्तान होते हैं। दोनों ओर से सवालों और जबाबों का सिलसिला अन्त तक चलता रहता है। अन्त में फिर कोई न कोई पक्ष जीतता है या फिर टाई मैच की तरह मुकाबला बराबरी पर भी छूटता है।

कव्वाली लेखन एक मुश्किल विधा है इसलिये आजकल नयी कव्वालियाँ कम सुनने को मिलती हैं। पुराने दौर की एक से एक बेहतरीन कव्वालियां दिमाग को तरोताजा कर देती हैं।

एक उत्कृष्ट कव्वाली का उदाहरण देना चाहूँगा जिसमें सवाल जबाबों को गीतकार ने किस तरह एक सूत्र में पिरोया है।

ऐसे बशर्म आशिक हैं आज के

इनको अंगुली थमाना ग़ज़ब हो गया

(यू-ट्यूब पर सुने पूरी कव्वाली)

कव्वाली भगवान से की जाने वाली प्रार्थना भी है। अपने महबूब को मनाने का तरीका भी है। आइये आपको इस तरह के दो उदाहरण देता है। कव्वाली एक प्रार्थना-

"शिरडी वाले, साईं बाबा, आया है तेरे दर पे सवाली"

(पूरी कव्वाली यू ट्यूब पर सुनें)

प्रार्थना रूप यह कव्वाली बहुत अच्छा उदाहरण है और जब अपने महबूब को मनाने की बारी आती है। तमन्ना होती है किसी तरह उसका दीदार हो जाये। उसके लिये कुछ अपनी प्रशंसा और कुछ अपने महबूब की प्रशंसा में शब्द जैसे खुद व खुद निकलते चले आ रहे हों।'

जैसे खुदा का शुक्र है चेहरा नजर तो आया है

हया का रंग आंखों पर फिर भी छाया है

अन्ततः नायक अपनी पर्दानशीं महबूबा के दीदार पा ही जाता है। यह भी एक तरह की प्रार्थना ही है। कव्वाली गाते समय कलाकारों पर एक नशा सा छा जाता है। लगता है आत्मा और परमात्मा का मिलन हो गया है। जनता इस मिलन के साक्षात दर्शन कर रही है।

मैं स्वयं अपना ही उदाहरण प्रस्तुत करता हूँ। कव्वाली " दमादम मस्त कलन्दर" पर आधारित मैंने भजन लिखा। जो कि श्रीराम और श्रीकृष्ण की विशेषताओं को लेकर लिखा गया था

"नाम हरि का जप ले बन्दे, पावन तड़पेगा, तरसेगा

बसा ले राम को मन में, मजा बंशी की धुन में"

यह कव्वाली रूपी भजन मैंने जब संगीत टीम के साथ बाला जी के दरबार में गाया। भजन के अन्तरे कुछ अधिक थे। जैसे-जैसे मैं आगे बढ़ता जा रहा था भक्त झूमने लगे। पूरा का पूरा वातावरण भक्ति रस में डूब चुका था। एक अजीब सी मस्ती छायी थी। देखते ही देखते कुछ महिलायें अपने बालों को बिखेर कर झूमने लगी।

सम्भ्रान्त परिवार की इन महिलाओं से कभी कल्पना भी नहीं कर सकता था कि ये ऐसा कुछ इतने लम्बे समय तक कर पायेंगी। लेकिन नहीं ऐसा हुआ और मैं सन्न रह गया।

यही है कव्वाली जो हमें दुनियादारी से दूर कहीं दूसरे जगत में ले जाती है। इसलिए गीतकारों को कव्वाली लिखना है तो स्वंय के दिलोदिमाग को ऐसे ही वातावरण में ले जाना होगा।

अपनी महबूबा की खिदमत में कव्वाली लिखना है तो शब्दों के जाल में इस तरह फंसाना होगा कि वह उस जाल से निकल न पाये -

मेरे ख्वाबो की शहजादी मैं हूं अकबर इलाहाबादी

मैं शायर हूं हंसीनो का मैं आशिक महजबींनों का

तेरा दामन न छोड़ूंगा मैं हर चिलमन को तोड़ूंगा

और इसी तरह महफिल रंगीन होती जाती है। नवोदित गीतकारों के लिये

यह कार्य अवश्य मुश्किल है लेकिन पुरानी कव्वाली के आधार पर हम प्रयास जारी रख सकते हैं। अभ्यास ही हर सफलता की कुन्जी है। चूंकि ऐसा करते-करते समय हमें घण्टे, दो घण्टे अथवा इससे अधिक समय भी लग सकता है।

वर्तमान में संगीतकारों ने अपने नये-नये प्रयोगों के माध्यम से कव्वाली विधा को और भी खूबसूरत बना दिया है। अल्लाह की इबादत हो या भगवान की प्रार्थना गीतकार को हर मौके, हर मज़हब की हल्की-फुलकी जानकारी रखनी चाहिए। जहाँ-कहीं कोई दिक्कत आये तो आजकल के तमाम माध्यम जैसे यू-ट्यूब/गूगल आदि पर सर्च कर लेना चाहिए। इन्सान प्रयास करता है उसे उस परवरदिगार की सहायता मिल ही जाती है।

     गीत लेखन कैसे करें?

सूफियाना गीत

सूफियाना गीतों के विषय में संक्षिप्त जानकारी इस तरह है

सूफी संगीत को पूरे विश्व में सिद्ध प्रार्थना के स्वर के रूप में स्थापित करने का एक माध्यम है। हम बात कर रहे हैं बाबा बुल्लेशाह, सुल्तान बाहू, वारिस शाह और बाबा फरीद जैसे सूफी संतों द्वारा जलाई गई सूफीवाद की जोत को सहेज कर रखने वाले वडाली बंधुओं की।

उस्ताद पूरणचंद वडाली और उस्ताद प्यारेलाल वडाली के सूफियाना कलामों से शुक्रवार की शाम भक्तिमय हो गई थी। मौका था करुणाधाम आश्रम के पितृ पुरुष ब्रह्मलीन 1008 बड़े गुरु देव बालगोविंद शांडिल्य महाराज के 89वें जन्मदिवस की पूर्व संध्या पर आयोजित सूफी संगीत संध्या का।

कलामों को गाने वाला सूफी नहीं

पद्मश्री भाइयों ने नवदुनिया से बातचीत में कहा कि सूफी गायन खुदा और बंदे के बीच ईबादत का जरिया है। खुदा की ईबादत करने वाला सूफी होता है, जैसे बाबा फरीद, बुल्लेशाह के हाथों ने कलाम लिखा है, वो सूफी हैं, लेकिन उन कलामों को गाने वाला सूफी नहीं हो सकता। जिसने भक्ति की है केवल वो सूफी है।

गायकी भी है पहलवानी

गायकी भी एक पहलवानी है। कहावत भी है जो खवैया होता है वही गवैया होता है। यह कहना है 15-20 साल पहलवानी कर चुके बड़े भाई पूरणचंद वडाली का। वे कहते हैं अभी रैप का जमाना है, जिसमें गीत कम और धुनें ज्यादा हैं। गीतों का एक पैमाना होना चाहिए। गीत ऐसे हों कि श्रोता के कान में जाएं तो अमर हो जाएं।

छाती के जोर से गाते हैं हम

सूफी में इलेक्ट्रॉनिक साजो-सामान नहीं होता। हम अपनी छाती की ताकत के जोर से गाते हैं। फतेहपुर सीकरी में किसी ने बताया कि वहां तानसेन, बादशाह अकबर के लिए बिना किसी प्रकाश और साउंड के राग दरबारी गाते थे। हमनें भी लगभग ढाई घंटे बिना किसी साउंड के उसी स्थान पर बैठकर राग दरबारी पेश किया।

डर लगदा हैं वडाली जी दी मूंछा तों

पूरण सिंह वडाली ने यादें ताजा करते हुए कहा कि मेरा गीत सुनकर एक बुजुर्ग आंखें बंद कर लेते थे। एक दिन इन बुजुर्ग के पोते ने पूछा कि दादाजी तुस्सीं वडाली जी दा गीत सुणके अक्खां क्यों बंद कर लेंदे हो? तो बुजुर्ग बोले कि मैंनू मन रस दा अहसास होंदा है।

बच्चे को समझ नहीं आया तो बुजुर्ग बोले मैं अक्खां एसलई बंद करदा हां क्योंकि मैंनू वडाली जी दी मूंछा तों डर लगदा है।

सूफी गीतों ने घोला कानों में रस

वडाली बंधुओं ने सलाम, नमस्ते, आदाब के बाद अपने चिर-परिचित अंदाज में श्रोताओं का स्वागत कर सबसे पहले एक शेर सुनाया। लगभग दो घंटे के इंतजार के बाद वडाली बंधुओं ने श्रोताओं को एक से बढ़कर एक सूफियाना प्रस्तुतियों से प्रसन्न कर दिया।

आज की बात फिर नहीं होगी,
ये मुलाकात फिर नहीं होगी....।
इस खूबसूरत शेर के बाद उन्होंने सबसे पहले तुझे तकियां तो लगा मुझे

ऐसे, जैसे मेरी ईद हो गई..., गीत सुनाया। इसके बाद शेर, मैं यारी तेरे संग जब लगाई, ये दुनिया रकीब हो गई... गुरु की शान में अमीर खुसरो का कलाम - खुसरो रैन सुहाग की, जो जागी पीर के संग..., मैं तो पिया से नैना लगा आई रे..., छाप तिलक सब छिन ली रे..., तू माने या न माने दिलदारा..., जैसे गीत प्रस्तुत कर श्रोताओं को मंत्रमुग्ध कर दिया।

फरमाइशों के दौर में वडाली बंधुओं ने पंजाबी सौंधी माटी में मिले लोकगीत भी पेश किए। इस दौरान पंजाबी जुबां में सूफी कलाम, भजन और लोकगीत कानों में रस घोल रहे थे।

यही है सूफियाना गीतों से जुड़ी जानकारी।

राष्ट्र/देश भक्ति गीत

राष्ट्र/देश भक्ति गीतों से अभिप्राय यह है वे गीत जो हम अपने देश, अपने वतन, अपने राष्ट्र के हित की भावनाओं को ध्यान में रखकर लिखते हैं। वे राष्ट्रभक्ति गीत कहलाते हैं।

भारत के राष्ट्रीय पर्वों जैसे छब्बीस जनवरी, पन्द्रह अगस्त एवं दो अक्तूबर के अवसर पर जो सुनायी देते हैं वे देश भक्ति के ही होते हैं। ऐसे गीतों के विषय में थोड़ी जानकारी ले ली जाये तो हम स्वंय को भी देशभक्ति के माहौल में ले जा पायेंगे। देश भक्ति गीतों के सृजन के लिये यह सब जरूरी है।

ये देश है वीर जवानों का

जोश और उन्माद से भरा गीत हुआ ये गीत है 1957 में रिलीज़ हुई बी आर चोपड़ा की फ़िल्म ' नया दौर' का। तत्कालीन युवा शक्ति और ऊर्जा को प्रकट करता ये गीत मौहम्मद रफ़ी ने बेहद ख़ूबसूरती से गाया और पर्दे पर इसे उतनी ही ख़ूबसूरती से पेश भी किया गया है।

ओ पी नैय्यर ने जिस जोश से गीत के बोलों को संगीत में पिरोया है उस वजह से ये राष्ट्रीय पर्वों के अलावा पारिवारिक समारोहों का भी हिस्सा बन चुका है। जब-जब भी चुनाव प्रचार होता है यह गीत अवश्य सुनायी देता है।

जन-गण-मन अधिनायक जय हे

1911-12 के आस-पास इस गीत को गुरुदेव रवींद्रनाथ टैगोर ने रचा था। इसे 1950 में भारत के संविधान में राष्ट्रगान के रूप में स्वीकार किया गया। इस गीत में भारत की भौगोलिक स्थिति के ज़रिए देशप्रेम की भावना व्यक्त की गई है। ये गीत हर भारतीय का अभिन्न हिस्सा बन चुका है।

फ़िल्म 'शहीद' का गीत

ऐ वतन! ऐ वतन! भी ख़ासा लोकप्रिय देशभक्ति गीत है। 1912 की विश्व भारती बोर्ड ने इस गीत की रिकॉर्डिंग को दोबारा रिलीज़ किया गया।

जो समर में हो गए अमर

ये ख़ूबसूरत श्रद्धांजलि गीत है जिसे लता मंगेशकर ने जयदेव के संगीत में गाया था। इसे 'स्वरांजलि' एलबम में लिया गया है। पंडित नरेन्द्र शर्मा के बोलों को लतामंगेशकर ने बहुत डूब कर गाया है जो उनके हर श्रद्धांजलि गीत की तरह रुला कर जाता है।

सारे जहां से अच्छा

ये एक बेहतरीन कविता है जिसे डॉ. अलामा इक़बाल ने लिखा है। इस गीत को 'भाई-बहन' और 'धरम पुत्र' जैसी फ़िल्मों में भी रखा गया है। 'धरम पुत्र' में इसे मौहम्मद रफ़ी और आशा भोसले ने गाया है।

वंदे-मातरम्

बंकिम चंद्र चटर्जी की इस ओजस्वी रचना को फ़िल्म 'आनंद मठ' में लिया गया है। हेमंत कुमार ने इस गीत को संगीतबद्ध किया है। जिसे लता मंगेशकर ने गाया है।

मेरे देश की धरती सोना उगले

इसे अगर मैं भारत का ग़ैर अधिकारिक रूप से राष्ट्रगीत कहूं तो

अतिशयोक्ति ना होगी। इस गीत में स्वतंत्र भारत की छवि को बहुत अच्छी तरह से पेश किया गया।

भारत किसानों का देश है और इस बात को इस गीत में भी समझाया गया है। महेंद्र कपूर ने इसे ओजस्वी तरीके से गाया है और कल्याण जी-आनंद जी का संगीत भी उतना ही लाजवाब है

ऐ वतन! ऐ वतन!

भारत के स्वतंत्रता संघर्ष का बेहद अहम हिस्सा है भगत सिंह, राजगुरु और सुखदेव की शहादत और यही फ़िल्म शहीद की विषय वस्तु है।

प्रेम धवन ने 60 के दशक में आई इस फ़िल्म में बेहतरीन संगीत रचा है जिसमें देशभक्ति की भावना के साथ-साथ मेलोडी भी है। यह गीत हर राष्ट्रीय पर्व का अभिन्न हिस्सा बन चुका है।

दे-दी हमें आज़ादी

भारत के राष्ट्रपिता महात्मा गांधी को श्रद्धांजलि देने वाले इस गीत को संगीतबद्ध किया है हेमंत कुमार ने और इसे गाया है आशा भोसले ने। इसे लिखा था कवि प्रदीप ने। ये गीत फ़िल्म 'जागृति' का है। आओ बच्चों तुम्हें दिखायें झांकी हिन्दुस्तान की।

लता मंगेशकर के गाए गीत 'ऐ मेरे वतन के लोगो' सुनकर तत्कालीन प्रधानमंत्री पंडित जवाहरलाल नेहरू की आंखों में आंसू आ गए थे। यह गीत भी राष्ट्रीय अवसरों पर गाये जाने वाले गीतों में सर्वोपरि कहें तो अनुचित न होगा। अपने वीर शहीदों को श्रृद्धांजलि के रूप में हमेशा ही गीत गाया जाता है जो कि आंखें नम कर जाता है।

फ़िल्म में मुख्य भूमिका निभाने वाले बाल कलाकार मास्टर रतन इसकी रिलीज़ के एक साल बाद ही पाकिस्तान में बस गए थे। तब पाकिस्तान में फ़िल्म

'जागृति' जैसी ही एक फ़िल्म बनाई गई जो मौहम्मद अली जिन्ना पर आधारित थी और बिलकुल इसी गीत की धुन पर एक दूसरा गीत रचा गया।

दूर हटो ऐ दुनिया वालो

ये गीत 1943 में आई फ़िल्म 'किस्मत' का है। फ़िल्म 'किस्मत' भारत के इतिहास की पहली ब्लॉक बस्टर फ़िल्म थी। इसका संगीत अनिल विश्वास ने दिया है।

ऐ मेरे प्यारे वतन

देशप्रेम के गीतों में इस गीत की थी अमिट छाप है। यह गीत फ़िल्म 'काबुलीवाला' का है और इसे मन्ना डे ने बेहद ख़ूबसूरती से गाया है। गीत के बोल प्रेम धवन के हैं और संगीत सलिल चौधरी का है। फ़िल्म में ये गीत नायक पर फ़िल्माया गया है जो एक अफ़गानी किरदार है. लेकिन ये गीत हर देश के देशवासी पर फ़िट हो सकता है।

भारत हमको जान से प्यारा है

कवि प्रदीप ने भी कई देशभक्ति गीत लिखे हैं। जिनकी लोकप्रियता भी कम नहीं है। "सूरज न बदला, चांद न बदला, न बदला रे आसमान, कितना बदल गया इन्सान।"

मेरा यह देश भक्ति गीत भी जब तब आकाशवाणी/प्रसार भारती से प्रसारित होता रहता है। जिसे मैं जब भी इस तरह के राष्ट्रीय कार्यक्रमों में सुनाता हूँ तो आनन्द की अनुभूति होती है -

मातृभूमि तुझे प्रणाम जन्म भूमि तुझे प्रणाम

मातृभूमि तुझे प्रणाम ! जन्मभूमि तुझे प्रणाम !
प्रेम की गंगा बहे जहाँ, यही धरा है तुझे प्रणाम !
मातृभूमि~~~
पर्वतों से बहकर आयी, गंगा भारत देश में
हिन्दू-मुस्लिम-सिख-ईसाई, अपने-अपने वेश में
हैं नहीं शिकवे गिले यहाँ, वीरभूमि तुझे प्रणाम !
मातृभूमि~~~
सरहदों पर निडर सिपाही, राष्ट्र की रक्षा करते हैं
सीने में भगवान बसे हैं, ऐसी आराधना करते हैं
ज़िंदगी का है सफर यहां, चन्द लम्हों का मेहमान
मातृभूमि~~~
लाल बहादुर का ये नारा, जय-जवान जय-किसान
था अहिंसा का वह पुजारी, ईश्वर अल्लाह तेरे नाम
आओ दिन फिर याद करें यहां, सबको सन्मति दे भगवान
मातृभूमि~~~

गीत लेखन कैसे करें?

वृन्द गान

वृन्द गान अथवा वृन्द गीत एक प्रकार के वे गीत कहलाते हैं, जिनमें राष्ट्रीयता की भावना निहित होती है। इन गीतो को एक सामूहिक ग्रुप द्वारा गाया जाता है।

अपने राष्ट्र की खूबियों का इनमें चित्रण दर्शाया जाता है। देश ने कैसे आजादी पायी, कैसे देश तरक्की कर रहा है, वीर जवानों का हौसला बढ़ाने वाले गीत, हमारी संस्कृति का बयां करते गीत, जिनमें सामूहिकता का पुट हो।

इस तरह के गीतो का जिक्र जब आता है, अक्सर ही यह गीत जुवां पर आ जाता है। जिसे एकल भी गाया जाता है और वृन्द गान के रूप में गाने का प्रचलन है।

'सारे जहाँ से अच्छा हिन्दोस्तां हमारा
हम बुलबुले हैं इसके ये गुलिस्ता हमारा "

आकाशवाणी के राष्ट्रीय चैनल द्वारा भक्ति गीतों के कार्यक्रम के अन्त में जब तब वृन्द गीतों को सुनाया जाता है।

नवोदित गीतकारों को एक हरफनमौला क्रिकेटर की भांति होना जरूरी है। कब कहाँ से कैसा गीत लिखने की फरमाइश आ जाये। इसके लिए भारत की भौगोलिक जानकारी रखनी चाहिए। नहीं भी है तो गीत लिखते समय जिस विषय पर लिखना है, उसकी विषय वस्तु गूगल अथवा मोबाइल के अन्य माध्यमों से पहले एकत्र कर लेनी चाहिए।

वृन्द गीत में नदियों की चर्चा करनी है तो नदियों के नाम, पर्वतों के विषय में कुछ कहना है तो पर्वतों के नाम, अपने वीर जवानों के विषय में बयां करना है तो उनके उत्साहवर्धन हेतु झांसी की रानी लक्ष्मीबाई, सुभाष चन्द बोस जैसे नामों का उल्लेख करना उचित होगा।

एक बहुत अच्छा वृन्दगान सुनने को मिलता है। "मिले सुर मेरा तुम्हारा

तो सुर बने हमारा "इस गीत में भारतीयता की झलक जितनी बेहतरीन तरीके से दर्शायी गयी है देखते ही बनता है।

देश के महान गायक, महान कलाकार, एक्टर, क्रिकेटर, हाकी खिलाड़ी, ओलम्पिक पदक विजेता, महान नेताओ का बड़ा अच्छा दर्शन है। अन्त में सभी के द्वारा मिलकर कोरस रूप में इसकी प्रस्तुति अद्भुत है। वृन्दगान गीत सामान्यतः अन्य गीतों के भांति सुनने को नहीं मिलते। न ही इन्हें किसी प्रोग्राम विशेष में मैंने गाने का प्रचलन देखा है।

यदा-कदा किसी आगुन्तक के सम्मान मे ऐसे गीत गाये जाते हैं। फिल्म "सत्यम् शिवम् सुन्दरम्" में ऐसा ही गीत है। जिससे हम इसकी मिठास को समझ सकते हैं

'सुनी जो उनके आने की आहट गरीब खाना सजाया हमने "

(पूरा गीत यू ट्यूब पर अवश्य सुनकर देखें)

स्वयं के घर को उड़्दू भाषा में गरीबखाना और दूसरे के घर को दौलतखाना जैसे शब्दों द्वारा बयां किया जाता है।

चुनावी दौर में गाये जाने वाले गीत

समय-समय पर देश में चुनावों का दौर चलता रहता है। कभी लोक सभा चुनाव, कभी विधान सभा चुनाव, कभी महानगर निगम चुनाव, कभी नगर निगम चुनाव, कभी नगर पालिका चुनाव, कभी ग्राम पंचायत चुनाव, कभी व्यापार मण्डल और भी तमाम तरह के चुनाव आते रहते हैं।

चुनावी दौर में गीतों का प्रयोग अब ख़ासा होता है। हर प्रत्याशी अपने प्रचार को गीतों के माध्यम से जनता तक पहुंचाना चाहता है। इसके लिये भी गीत लिखना हमें आना चाहिए। चुनावी गीतों का कार्यकाल बहुत कम अवधि का होता है। चुनाव के लिये प्रत्याशी द्वारा पर्चा भरने से मतदान के एक दिन पूर्व तक।

पूर्वकाल में चुनावी प्रचार, रिक्शा में बैठा व्यक्ति, स्वंय हाथ में माइक पकड़, कागज में लिखी सामग्री को बार-बार पढ़ कर करता था। देशभक्ति के वही पुराने गीत दोहराये जाते थे "ये देश है वीर जवानों का अलबेलों का मस्तानों का"

धीरे-धीरे समय बदलता गया और प्रचार के तरीके भी बदलते गये और बस नये-नये माध्यम से चुनाव प्रचार होने लगा। मैंने आभास किया है प्रचार करने वाले केरोके गीतों पर स्वंय गीत तैयार कर लेते हैँ और इस अल्प अवधि में प्रचार के बहाने खूब बजाते हैं।

"हाथ के पन्जे को जिताना है"
"कमल पर मोहर लगाना है"

इस तरह के गीतों में ठीक वैसी ही शब्दावली हमें प्रयोग में लानी है जैसे नेता अपने पोस्टरों फ्लेक्सीयों पर लिखवाते हैं। ईमानदार, कर्मठ, सच्चा देशभक्त, सच्चा सेवक आदि। हांलाकि इन दिनों प्रचार की गाड़ी/रिक्शा में देश भक्ति गीत खूब सुने जाते हैं। लगता है इलेक्शन में इलेक्शन से पूर्व तक,

देशभक्ति की भावना अच्छी तरह नजर आती है। चुनाव बीतने पर सब कुछ उलट नजर आता है।

सामन्यत: फिल्मों में चुनावी गीतों का चलन इसलिए कम ही है। चुनावी गीतों में गाहे-बगाहे गीतकार को उसकी प्रशंसा करनी ही है।

"किसको चुन दे किसको हरा दे किसकी बने सरकार

ये है जनता दरबार ये है जनता दरबार"

एक कम पढ़े लिखे नेता की प्रशंसा करना एक कवि/गीतकार की आत्मा गवारा नहीं करती फिर भी ऐसा करना मजबूरी हो जाता है। गीतकार भी इससे अछूते नहीं रह पाते। वे भी किसी न किसी राजनैतिक दल से जुड़े/प्रभावित दिखते हैं। अपनी कलम इनके लिये चलाने में पीछे नहीं रहते।

फिर भी मैंने महसूस किया है कि एक गीतकार को इस तरह की दलगत राजनीति से दूर रहकर अपनी साहित्य साधना में लगना चाहिए।

गीत लेखन कैसे करें?

विदेशी गीतों की धुन पर आधारित

यदा-कदा हमारे दिमाग की मेमोरी भी कम्प्यूटर की भांति भरी सी लगती है। समझ नहीं आता क्या लिखा जाये। न ही कहीं से नये शब्द नजर आते हैं और न ही कोई नया संगीत दिमाग समझ आता है।

ऐसे में न समझ में आने वाला गीत-संगीत बड़ा काम करता है। हमारे गीतकार और संगीतकार देश-विदेश की यात्रा करते रहते हैं। वहाँ की संस्कृति, वहाँ की सभ्यता अथवा वहाँ के संगीत को सुनते हैं। हालांकि शब्द भले ही समझ न आये परन्तु एक नया स्टाइल, कुछ नयी सोच, जहन में घर अवश्य कर जाती हैं।

"तू चीज बड़ी है मस्त-मस्त"

इसी तरह का गीत है जिसे पाकिस्तान की कव्वाली के आधार पर लिखा गया है। पाकिस्तान की फिल्मों के तमाम गीत कर्णप्रिय हैं। यद्यपि इनमें उड़र्दू लहजे का प्रयोग कुछ ज्यादा होता है। फिर भी हम भली भांति इन्हें समझ सकते हैं।

पाकिस्तान की फिल्मों के गीतों का संगीत मधुर है। पाकिस्तान की कई गायिकाओं ने हिन्दी फिल्मी गीत भी गाये हैं। हमारे देश के गीतकारों ने वहाँ के गीतों की धुन को लेकर और भी बहुत से गीत लिखे है। हमारे देश के संगीतकारों ने अपने बेहतर संगीत के अन्दाज से इन्हें और भी कर्णप्रिय बना दिया है।

पाकिस्तान के बहुत से लोकप्रिय गीत हैं जिन पर हम नये सिरे से काम कर सकते हैं। नये उभरते सृजनकारों को चाहिए कि वे विदेशी संस्कृति को भी समझें। हूबहू उसका अनुशरण न करें। बल्कि उसकी अच्छाईयों, उसकी बारिकियों को समझने का प्रयास करें। मैंने स्वयं बहुत से पाकिस्तानी गीतों के आधार पर गीत लिखे हैं।

विदेशी गीत हमारे और भी पड़ोसी मुल्कों के हो सकते हैं। जैसे नेपाल,

श्रीलंका, बंगला देश, अफगानिस्तान आदि।

आजकल अंग्रेजी गीतों की तर्ज पर भी गीत सृजन हो रहा है। भारतीय और पश्चिम की संस्कृति का मानों संगम हो गया है। हमारे देश के कलाकार विदेश याव्राओं पर जाते हैं अथवा कुछ वहीं पर अधिक समय तक के लिये ठहर जाते हैं। इन दिनों में वे वहाँ रहकर विदेश के तौर-तरीके, संगीत, कल्चर को समझ लेते हैं और फिर भारतीय गीतों में पश्चिम का तड़का लगाते हैं।

इस तरह के द्विभाषी गीत भारत में नहीं अपितु विदेशी भारतीयों द्वारा भी बेहद पसन्द किये जाते हैं। ध्यान रखने योग्य बात यह है कि हम विदेशी संस्कृति को लेकर गीत लिखें परन्तु ऐसा न हो हम उनके ही रंग में रंग जायें।

हम भारतीय हैं और हमारी संस्कृति देवी-देवतओं से हमें मिली है। संगीत और गीत को माँ सरस्वती की देन कहा जाता है। हमारे संस्कार हमें आज भी विदेशी रंग में ढलने से हमें रोकते हैं" ।

बहुत से गीतकार/गायकों/संगीतकारों ने अपने सृजन में विदेशी तड़के का समावेश इतना अधिक कर दिया है कि लगता है हम पश्चिम के रंग में रंगते जा रहे हैं। अंग्रेजी-हिन्दी मिश्रित गानों की भरमार सी हो गयी है। जहाँ भी जाओ युवा वर्ग हमें यही सुनाना पसन्द करता है।

वह पुराने गीत, मेलोडियस संगीत, कहीं लुप्त सा होता जा रहा है। तमाम विदेशी नामों के गायकों का वे हमें सन्दर्भ देते हैं कि आपने यह नहीं सुना? आपने यह नही देखा?

हम भारतीय हैं नयापन लाने के लिये हम गीतों में विदेशों की संस्कृति का सम्मिश्रण इस तरह करें जैसे सब्जी में नमक अथवा मसाले का तड़का। तभी हम अपनी संस्कृति को भी बचा पायेंगे। मनोरंजन मनोरंजन हो। ग्लेमरस तड़के और भड़काऊ संगीत एक स्वस्थ मनोरंजन नहीं हैं। समाज में रहकर एक गीतकार को अपने परिवार की मर्यादाओं को ध्यान में रखकर वह सब करना चाहिए जिसे हम एक परिवार (माता-पिता, भाई-बहन बच्चों) की बीच बैठकर सुन सकें अथवा देख सकें।

प्रान्तीय गीत

प्रान्तीय गीत से अभिप्राय उन गीतों से है जो उस प्रान्त की बोली में लिखे एवम् गाये जाते हैं। भारत देश एक बहुभाषीय देश है राष्ट्रीय भाषा के अतिरिक्त प्रत्येक प्रान्त की भी अपनी एक भाषा है। जो उस प्रान्त का प्रतिनिधित्व करती है। हमें एहसास कराती है कि हम इस प्रान्त से हैं। जैसे पंजाबी, राजस्थानी, हरियाणवी, गुजराती, कन्नड़, तेलगू, मलयालम, असमिया, कुमायूंनी, गढ़वाली आदि। सभी प्रान्त की भाषाओं के भी अपने-अपने गीत हैं। ये भी कर्णप्रिय हैं।

पंजाबी गीत

आजकल पंजाबी गीतों का बाजार कुछ अलग ही है। युवा इन गीतों को पसन्द करता है। वे इन पर झूमते-नाचते नजर आते हैं

पंजाबी गीत 'लौंग लाची' ने इतिहास रचा है। पंजाबी गीत 'लौंग लाची' गीत को यूट्यूब पर एक बिलियन से भी ज्यादा व्यू मिल चुका है। यह गाना पंजाबी फिल्म 'लौंग लाची' का टाइटल ट्रैक है। पंजाबी सॉन्ग 'लौंग लाची' को 21 फरवरी 2018 को यूट्यूब चैनल पर रिलीज किया था। जिसने यूट्यूब प्लेटफॉर्म पर एक बड़ा रिकॉर्ड बनाया।

हरमनजीत ने इस गाने के लिए लिरिक्स लिखे हैं। इस पंजाबी गाने की लोकप्रियता देखते हुए बॉलीवुड स्टार कार्तिक आर्यन और कृति सेनन स्टार फिल्म 'लुका-छिपी' में इसके हिंदी वर्जन को फिलमाया जा चुका है।

राजस्थानी गीत

प्रान्तीय भाषाओं के गीतों में राजस्थानी गीत भी कम लोकप्रिय नहीं है। राजस्थान के गीतों में पंखेरू गीत - राजस्थानी अंचल में कई अत्यंत प्रिय एवं प्रसिद्ध पंखेरू गीत गाये जाते हैं, जैसे- 'आड, कबूतर, कमेड़ी, काग, कागली,

काबर, काळ्चिड़ी, कुरजां, कोचरी, कोयल, गिरज, गेगरी, गोडावण, चकवा-चकवी, चमचेड़, टींटोड़ी, तिलोर, तीतर, दौडो, पटेबड़ी, पीयल, बइयो,बुगलो, मोर, सांवळी, सारस, सुगनचिड़ी, सूवो, होळावो आदि।

राजस्थान के गीत

1. मोरिया - इस गीतों में ऐसी लड़की की व्यथा है, जिसका विवाह संबंध निश्चित हो गया है किन्तु विवाह होने में देरी है।

2. औल्यू - ओल्यू का मतलब 'याद आना' है। दाम्पत्य प्रेम से परिपूर्ण विलापयुक्त लयबद्ध गीत जिसमें पति के लिए भंवरजी, कँवरजी का तथा पत्नी के लिए मरवण व गौरी का प्रयोग किया गया है।

3. घूमर - गणगौर अथवा तीज त्यौहारों के अवसर पर स्त्रियों द्वारा घूमर नृत्य के साथ गाया जाने वाला गीत है, जिसके माध्यम से नायिका अपने प्रियतम से श्रृंगारिक साधनों की मांग करती है।

4. गोरबंध - गोरबंध, ऊंट के गले का आभूषण है। मारवाड़ तथा शेखावटी क्षेत्र में इस आभूषण पर गीत गोरबंध नखरालो गीत गाया जाता है। इस गीत से ऊँट के श्रृंगार का वर्णन मिलता है।

5.कुरजां - यह लोकप्रिय गीत में कुरजां पक्षी को संबोधित करते हुए विरहणियों द्वारा अपने प्रियतम की याद में गाया जाता है, जिसमें नायिका अपने परदेश स्थित पति के लिए कुरजां को सन्देश देने का कहती है।

6- झोरावा - जैसलमेर क्षेत्र का लोकप्रिय गीत जो पत्नी अपने पति के वियोग में गाती है।

7. कागा - कौवे का घर की छत पर आना मेहमान आने का शगुन माना जाता है। कौवे को संबोधित करके प्रेयसी अपने प्रिय के आने का शगुन मानती है।

8.कांगसियों - यह राजस्थान का एक लोकप्रिय श्रृंगारिक गीत है।

9. सुवटिया - उत्तरी मेवाड़ में भील जाति की स्त्रियां पति -वियोग में तोते

गीत लेखन कैसे करें?

(सूए) को संबोधित करते हुए यह गीत गाती है।

10.जीरो - इस लोकप्रिय गीत में स्त्री अपने पति से जीरा न बोने का अनुनय-विनय करती है।

11.लांगुरिया - करौली की कैला देवी की आराधना में गाये जाने वाले भक्तिगीत लांगुरिया कहलाते हैं।

12. मूमल - यह जैसलमेर क्षेत्र का लोकप्रिय गीत है, जिसमें लोद्रवा की राजकुमारी मूमल के सौन्दर्य का वर्णन किया गया है। यह एक श्रृंगारिक गीत है।

13. पावणा - विवाह के पश्चात् दामाद के ससुराल जाने पर भोजन के समय अथवा भोजन के उपरान्त स्त्रियों द्वारा गया जाने वाला गीत है।

14. सिठणें - यह विवाह के उपलक्ष्य में गाया जाने वाला गाली गीत है जो विवाह के समय स्त्रियां हंसी-मजाक के उद्देश्य से समधी और उसके अन्य सम्बन्धियों को संबोधित करते हुए गाती है।

15. हिचकी - मेवात क्षेत्र अथवा अलवर क्षेत्र का लोकप्रिय गीत दाम्पत्य प्रेम से परिपूर्ण जिसमें प्रियतम की याद को दर्शाया जाता है।

16.कामण - कामण का अर्थ है - जादू-टोना। पति को अन्य स्त्री के जादू-टोने से बचाने के लिए ग्रामीण क्षेत्रों में स्त्रियों द्वारा गाया जाने वाला गीत है।

17. पीपली - मारवाड़ बीकानेर तथा शेखावटी क्षेत्र में वर्षा ऋतु के समय स्त्रियों द्वारा गया जाने वाला गीत है।

18. सेंजा - यह एक विवाह गीत है, जो अच्छे वर की कामना हेतु महिलाओं द्वारा गाया जाता है।

19.जच्चा - यह बच्चे के जन्म के अवसर पर गाया जाने वाला गीत है, जिसे होलरगीत भी कहते हैं।

20. चिरमी - चिरमी एक पौधा है जिसके बीज आभूषण तौलने में प्रयुक्त होते थे। चिरमी के पौधे को सम्बोधित कर नायिका द्वारा आल्हादित भाव से ससुराल में आभूषणों व चुनरी का वर्णन करते हुए स्वयं को चिरमी मान कर पिता की लाडली बताती है। इसमें पीहर की याद की भी झलक है।

21. केसरिया बालम - राजस्थान के इस अत्यंत लोकप्रिय गीत में नायिका विरह से युक्त होकर विदेश गए हुए अपने पति की याद करती है।

22. हिण्डोल्या - राजस्थानी स्त्रियां श्रावण मास में झूला-झूलते हुए यह गीत गाती है।

23. हमसीढो - भील स्त्री तथा पुरूष दोनों द्वारा सम्मिलित रूप से मांगलिक अवसरों पर गाया जाने वाला गीत है।

24. ढोला-मारू - सिरोही क्षेत्र का यह लोकप्रिय गीत ढोला-मारू के प्रेम-प्रसंग पर आधारित है तथा इसे ढाढ़ी लोग गाते हैं।

25. रसिया - रसिया होली के अवसर पर ब्रज, भरतपुर व धौलपुर क्षेत्रों के अलावा नाथद्वारा के श्रीनाथजी के मंदिर में गाए जाने वाले गीत है।

26. इडुणी - इडुणी पानी भरने के लिए मटके के नीचे व सर के ऊपर रखे जाने वाली सज्जा युक्त वलयाकार वस्तु को कहते हैं। यह गीत पानी भरने जाते समय स्त्रियों द्वारा गाया जाता है। इसमें इडुणी के खो जाने का जिक्र होता है।

27. पणिहारी - यह पनघट से जुड़े लोक गीतों में सर्वाधिक प्रसिद्ध है। पणिहारी गीत में राजस्थानी स्त्री का पतिव्रता धर्म पर अटल रहना बताया गया है।

28. वर्षा ऋतु के गीत - वर्षा ऋतु से संबंधित गीत वर्षा 'ऋतु गीत' कहलाते है। वर्षा ऋतु में बहुत से सुन्दर गीत गाये जाते हैं। इस गीत में वर्षा ऋतु को सुरंगी ऋतु की उपमा दी गई है।

29. मोरियो - विरहनी स्त्री द्वारा मोर को सम्बोधित करते हुए गाए जाने वाले गीत को मोरिया गीत कहते है।

30. वन्याक (विनायक) - गणेशजी (विनायक) मांगलिक कार्यों के देवता है। अत: मांगलिक कार्य एवं विवाह के अवसर पर सर्वप्रथम विनायक जी का गीत गाया जाता है।

31. बना-बनी - राजस्थानी संस्कृति के अनुसार जिस युवक व युवती की शादी होने वाली होती है, उस युवक को बना तथा युवती को बनी कहा जाता है। विवाह के अवसर बना-बनी बनकर जो गीत गाये जाते है, वे 'बना-बनी' कहलाते है।

32. धुड़ला - मारवाड़ क्षेत्र का लोकप्रिय गीत है, जो स्त्रियों द्वारा घुड़ला पर्व पर गाया जाता है। गीत है -'घुड़लो घूमै छै जी घूमै छै।' यह गाते समय स्त्रियाँ अपने सर पर मिट्टी का छेद वाला छोटा घड़ा रखती है जिसमें दीपक जला होता है।

33. जलो और जलाल - विवाह के समय वधू पक्ष की स्त्रियां जब वर की बारात का डेरा देखने आती है तब यह गीत गाती है।

34. जकड़िया - पीरों की प्रशंसा में गाए जाने वाले गीत जकड़िया गीत कहलाते है।

35.दुप्पटा - विवाह के समय दूल्हे की सालियों द्वारा गया जाने वाला गीत है।

36. हरजस - हरजस का अर्थ है हरि का यश अर्थात हरजस भगवान राम व श्रीकृष्ण की भक्ति में गाए जाने वाले भक्ति गीत है।

37. पपीहा - यह पपीहा पक्षी को सम्बोधित करते हुए गाया जाने वाला गीत है। जिसमें प्रेमिका अपने प्रेमी को उपवन में आकर मिलने की प्रार्थना करती है।

38. बिच्छुड़ो - यह हाडौती क्षेत्र का लोकप्रिय गीत जिसमें एक स्त्री जिसे बिच्छु ने काट लिया है और उसे मृत्यु तुल्य कष्ट होता जिस कारण वह पति को दूसरा विवाह करने का संदेश देती है।

39. पंछीडा गीत - हाडौती तथा ढूढाड़ क्षेत्र का लोकप्रिय गीत जो त्यौहारों तथा मेलों के समय गाया जाता है।

40. लावणी - लावणी से अभिप्राय बुलावे से है। नायक द्वारा नायिका को बुलाने के सन्दर्भ में लावणी गाई जाती है।

41. पीठी - 'पीठी' गीत विवाह के अवसर पर विनायक स्थापना के पश्चात् भावी वर वधू को नियमत: उबटन (पीठी) लगाते समय गाया जाता है।

42. मेहँदी - विवाह होने के पूर्ववाली रात को यहाँ 'मेहँदी की रात' कहा जाता है। उस समय कन्या एवं वर को मेहँदी लगाई जाती है और मेहँदी गीत गाया जाता है।

43. बधावा - विवाह के अवसर पर बधाई के लिए गाये जाने वाले गीत।

44. झाड़ूलो - 'झाड़ूलो' मुंडन के गीतों को कहते हैं।

45. सेवरो - विवाह में वर के माथे पर मौर बाँधते समय 'सेवरो' (सेहरा) गाया जाता है।

46. भात व माहेरा - भात भरना राजस्थान की एक महत्वपूर्ण प्रथा है। इसे 'माहेरा या मायरा' भी कहते हैं। जिस स्त्री के घर पुत्र या पुत्री का विवाह पड़ता है वह घर की अन्य स्त्रियों के साथ परात में गेहूँ और गुड़ लेकर पीहरवालों को निमंत्रण देने जाती है। इसको 'भात' कहते हैं।

47. राती जगो - जब बारात ब्याह के लिए चली जाती है तो वर पक्ष की स्त्रियाँ रात के पिछले पहर में 'राती जागो' नामक गीत गाती हैं। देवी देवताओं के गीतों में 'माता जी', 'बालाजी' (हनुमान जी),भेरूँ जी, सेड़ल माता, सतीराणी, पितराणी आदि को प्रसन्न करने की भावना छिपी है। सबके अलग अलग गीत होते हैं। इसके अलावा विशेष अवसर पर देवों को प्रसन्न करने के लिए भी रात भर जागरण करके महिलाओं द्वारा राती जगो के गीत गाये जाते हैं।

48. पंखेरू गीत - राजस्थानी अंचल में कई अत्यंत प्रिय एवं प्रसिद्ध पंखेरू गीत गाये जाते हैं।

49. बारेती - प्रातःकाल 4 बजे जब शीतकाल में किसान बैलों की सहायता से पानी निकालते हैं तो वह गीत गाया करते हैं। इन्हें 'बारेती' गीत कहते हैं।

50. धमार/ धमाल - 'धमाल' या 'धमार' एक गायन शैली है, जिसको होली के दिनों में ही गाने की प्रथा है, चाहे वह लौकिक हो अथवा शास्त्रीय। धमाल के गीतों में नृत्य तत्व होने से लोग इन गीतों की लय के अनुसार नाचते भी हैं।

51. नारंगी - गर्भावस्था में खट्टी वस्तुएं पसंद होती है इसी तथ्य पर आधारित गीत।

52. हरणी - मेवाड़ में बालकों द्वारा दीपावली के पूर्व नवरात्रि के दिनों से प्रारंभ होकर दीपावली तक गाँव के प्रत्येक द्वार-द्वार जा कर गाये जाने वाले गीतों को हरणी कहते है।

53. संतान उत्पत्ति के गीत - बच्चे के जन्म के बाद जच्चा गीत, पीपली, सूरज-पूजा, जलमा आदि गीत गाये जाते हैं।

54. बिनोलो - विवाह से पूर्व वर या वधू को अपने सम्बन्धियों द्वारा भोजन के लिए आमंत्रित किया जाता है जिसे बिनोला या बिन्दौरा गीत कहते हैं।

55. परभातिया - विवाह के अवसर पर प्रातःकाल में ब्रह्म मुहूर्त में गाये जाने वाले गीत।

56. घडलियो - मेवाड़ क्षेत्र में बालिकाओं द्वारा दीपावली के पूर्व नवरात्रि के दिनों से प्रारंभ होकर दीपावली तक गाँव के प्रत्येक द्वार-द्वार जा कर गाये जाने वाले गीतों को घडलियो कहते है। जिस घर के बाहर घडलियो गाया जाता है उस घर वाले इन बालिकाओं को आदि उपहार देते हैं। बालिकाओं में एक बालिका के सिर पर मिट्टी का छेद वाला छोटा घड़ा रखती है जिसमें दीपक जला होता है, इसे ही घडलिया कहते है।

राजस्थान की संस्कृति से जुड़े विषयों पर लिखे गये गीत एक नवोदित सृजनकार के लिये विषय वस्तु तलाशने में खासी मदद कर सकते हैं। अतः हम भले ही राजस्थानी भाषा को न जाने लेकिन उनके अलग अलग अवसर पर गाये जाने गीत हमारे लिये अवश्य प्रेरणादायक हैं।

निम्बोड़ा... निम्बोड़ा... निम्बोड़ा... इस गीत ने एक प्रान्तीय/लोकगीत होने के बाबजूद फिल्म में आने के बाद लोकप्रियता के झण्डे गाड़ दिये

हरियाणवी गीत

पंजाब प्रान्त की तरह ही हरियाणा प्रान्त के गीत भी हैं और ये भी काफी लोकप्रिय हैं। हरियाणी की खड़ी बोली और दिलों की मिठास का अद्भुत संगम है। हरियाणा में गीतों का हरियाणवी साहित्य में महत्वपूर्ण स्थान है।

जीवन का हर पक्ष किसी न किसी रुप में इनसे जुड़ा हुआ है। राजस्थान की भांति हरियाणा में भी विभिन्न अवसरों पर गीत गायन की परम्परा है। विवाह संबंधी गीत अत्याधिक प्रचलित हैं।

हरियाणवी जनमानस पर पड़े राष्ट्रपिता महात्मा गाँधी के प्रभाव की झलक इस प्रदेश के गीतों में पूरी तरह मिलती है जो यहां के भोले-भाले बच्चों ने गाए हैं। जिनके माध्यम से इस प्रदेश की नारियों ने पूज्य बापू के प्रति अपनी भावनाएं

अभिव्यक्त की हैं। बच्चों द्वारा गाए जाने वाले गीतों में भले तुकबदियां ही हैं परंतु इन तुकबंदियों में भी बड़े सीधे-सादे सरल ढंग से बापू के विभिन्न कार्यों की चर्चा हुई है।

इनमें महात्मा गांधी के सभी राजनैतिक तथा समाज सुधार संबंधी कार्य क्षेत्रों को प्रतिनिधित्व मिला है। गांधी जी के जलसे में शामिल होने की नारियों की उत्सुकता से नारियों की जागरूकता का संकेत भी मिलता है। हरियाणवी गीतों द्वारा प्रस्तुत किए गए बापू जी की मृत्यु के करुण दृश्य से सभी की आंखें सजल हो उठती हैं। एक गीत की निम्न पंक्तियां अपनी अमिट छाप छोड़ देती है:

काचा कुणबा छोड़ के बाब्बू सुरग लोक में सोगे

भारत के सब नर-नारी अब बिना बाप के होगे।

हरियाणा के कुछ प्रसिद्ध गीतों के मुखड़े इस प्रकार हैं

बोया-बोया री मां मेरी बणी

ऊपरां बादलिड़ा ऊपरां क्यूं जा

बोहत सताई ईखड़े तन्नै बोहत सताई रे

अरे न्यूं रोवै बुड्ढा बैल

पड़ते अकाल जुलाहे मरे

एक रोटी को बैल बिका

पड़ा रहा छपपनियां का काल

हरियाणवी गीतों का अपना महत्व तो है लेकिन हरियाणवी भाषा के संवाद भी दिल को छू जाते हैं। दूरदर्शन पर प्रसारित होने वाले सीरियलों में जब उनमें मन्नै... तन्नै... जैसे शब्द नायक नायिका बोलते हैं तो लगता है बैठ कर देखते ही रहें।

आजकल गीतकार प्रान्तीय लहजे और भाषाओं को लेकर हिन्दी में गीत लिख रहे हैं। कहने का तात्पर्य यह है कि इन गीतों का आधार तो प्रान्तीय होता है पर भाषा हिन्दी-प्रान्तीय का मिश्रण एक नया रंग ले आता है।

     गीत लेखन कैसे करें?

गुजरात प्रान्त के गीत

गुजराती भारत की एक भाषा है जो गुजरात राज्य, दीव और मुंबई में बोली जाती है। गुजराती साहित्य, भारतीय भाषाओं के सबसे अधिक समृद्ध साहित्य में से है। भारत की दूसरी भाषाओं की तरह गुजराती भाषा का जन्म संस्कृत भाषा से हुआ हैं।

दूसरे राज्य एवं विदेशों में भी गुजराती बोलने वाले लोग निवास करते हैं। जिन में पाकिस्तान, अमेरिका, यु.के., केन्या, सिंगापुर, अफ्रिका, ऑस्ट्रेलिया मुख्य हैं। महात्मा गांधी एवं बल्लभ भाई पटेल। गुजराती बोलने वाले भारत के दूसरे महानुभावों में भीमराव आम्बेडकर, मुहम्मद अली जिन्ना, दयानंद सरस्वती, मोरारजी देसाई, धीरूभाई अंबानी भी सम्मिलित हैं।

भारत के प्रधानमंत्री नरेन्द्र मोदी भी गुजरात के वडनगर के रहने वाले हैं और उनकी मातृभाषा भी गुजराती है।

गुजराती भाषा के मधुरतम गीतों के कुछ मुखड़े जानने का प्रयास करते हैं

पंखिडा रे उड़ी जाजे पावागढ़ रे

तारा विना श्याम मने एकलडु लागे

महेंदी ते वावी मालवे ने

नागर नंदजी ना लाल

मारी महिसागर नी आरे ढोल

भूलो भले बीजू बधू

खम्मा मारा नंदजी ना लाल

उत्तर प्रदेश के गीत

गीत और संगीत किसी भी संस्कृति का एक अनमोल गहना है। लोगों के जीवन, समाज और संस्कृति को बखूबी दर्शाती है। हमारे देश के हर क्षेत्र

के अपने गीत और नृत्य हैं जो उस क्षेत्र की विशिष्ट पहचान भी हैं। उत्तर प्रदेश गीत-संगीत और नृत्यों का एक ऐसा खजाना है, जिसमें हर जिले का अपना अनूठा योगदान है।

गुप्त और हर्षवर्धन के युग में उत्तर प्रदेश गीत-संगीत का एक प्रमुख केंद्र था। स्वामी हरिदास एक महान संत-संगीतकार थे, जिन्होंने हिंदुस्तानी शास्त्रीय संगीत का पूरी दुनिया में डंका बजाया था। मुगल सम्राट अकबर के दरबार के संगीतकार तानसेन, इन्ही स्वामी हरिदास के शिष्य थे।

उत्तर प्रदेश के लोकप्रिय गीत इस प्रकार हैं:

गजल – ग़ज़ल का रूप प्राचीन है, इसकी उत्पत्ति 7वीं शताब्दी की अरबी कविता से हुई है। ग़ज़ल में आमतौर पर पाँच और पंद्रह दोहे होते हैं, जो स्वतंत्र होते हैं, लेकिन जुड़े होते हैं।

खयाल– ख़याल लघु गीतों (दो से आठ पंक्तियों) के एक संकलन पर आधारित होता है; ख्याल गीत को बंदिश कहा जाता है। हर गायक आम तौर पर एक ही बंदिश को अलग-अलग तरह से प्रस्तुत करता है, केवल पाठ और राग समान रहते हैं।

मर्सिया– हुसैन इब्न अली और कर्बला के उनके साथियों की शहादत और वीरता को याद करने के लिए लिखी गई एक हास्य कविता है। मर्सिया मूलत: धार्मिक होते हैं।

कव्वाली– कव्वाली संगीतकारों का एक समूह द्वारा गायी जाती है। आम तौर पर एक कव्वाली समूह में एक प्रमुख गायक सहित आठ या नौ पुरुष होते हैं, एक या दो पार्श्व गायक और एक या दो हारमोनियम बजाने वाले। कव्वाली गायन के दौरान कुछ सह-गायक प्रमुख छंदों को दोहराते हैं, और हाथ से ताली बजाकर प्रस्तुति करते हैं।

रासलीला– उत्तर प्रदेश की लोक विरासत में रासलीला, विशेष रूप से ब्रज क्षेत्र में मशहूर है। इन गीतों में राधा और श्री कृष्ण के दिव्य प्रेम को दर्शाया जाता है।

ठुमरी– नवाब वाजिद अली शाह के दरबार में लखनऊ में विकसित हुई ठुमरी अपने आप को संगीत और शब्दों के संयोजन द्वारा श्रृंगार के अनगिनत

  गीत लेखन कैसे करें?

संकेतों को व्यक्त करती है।

उत्तर प्रदेश के लोकप्रिय नृत्यों में भी गीतों का समावेश रहता है। नृत्य-गीत उत्तर प्रदेश के लोगों के जीवन का एक अभिन्न अंग है। उनका उत्साह और आजीविका उनके गीतों एवम् लयबद्ध नृत्यों में अभिव्यक्ति पाती है।

भारत के चार शास्त्रीय नृत्यों में से एक कथक की उत्पत्ति यहाँ हुई। रामलीला, रासलीला, नौटंकी और कुमाऊं पहाड़ियों के नृत्य (झोरा, छपेली, जागर) समेत अन्य नृत्य लोगों की जीवन शैली और मान्यताओं को दर्शाते हैं।

वाराणसी और मथुरा जैसे शहरों का 2000 से अधिक वर्षों का एक गौरवशाली अतीत है और ये शहर गीत-संगीत, कला और नृत्य रूपों की जन्मस्थली रहे हैं। उत्तर प्रदेश के कुछ प्रमुख नृत्य इस प्रकार हैं:

चरकुला नृत्य : पश्चिमी उत्तर प्रदेश के ब्रज क्षेत्र में व्यापक रूप से लोकप्रिय नृत्य में एक घूंघट वाली नर्तकी लकड़ी के प्लेटफॉर्म पर अपने सिर पर 108 दीपक लेकर नृत्य करती है। इस दौरान गाये जाने वाले गीत मुख्य रूप से भगवान कृष्ण की स्तुति में गाये जाते हैं।

कथक– एक शास्त्रीय नृत्य रूप, जिसमें पूरे शरीर के साथ पैरों के सुंदर समन्वय देखा जाता है। अवध के अंतिम नवाब वाजिद अली शाह, कथक के महान संरक्षक और चैंपियन थे। लखनऊ घराना मुरादाबाद और बनारस घराना- कत्थक नृत्य के दो प्रमुख घराने हैं।

रसिया– राधा और श्री कृष्ण के प्रेम का वर्णन करती है। चरकुला और रसिया राज्य के ब्रज क्षेत्र की मूल कलाएं हैं। उत्तर प्रदेश की धरती ने देश को बड़े-बड़े गीतकार दिये हैं।

उत्तर प्रदेश की कला व संस्कृति

भगवान राम और कृष्ण की जन्मस्थली, उत्तर प्रदेश, प्राचीन काल से ही कला और संस्कृति का अनोखा संगम रही हैं। यहाँ की संस्कृति में गये विविध भाषा गीत, चाहें वो ब्रज के हों या अवध के, रुहेलखण्डी हों या बनारसी सभी बेमिसाल हैं। नवोदित गीतकारों के लिये हिन्दी के अतिरिक्त अन्य प्रान्तीय भाषाओं में भी गीत लेखन का ख़ासा क्षेत्र है।

प्रान्तीय गीत उत्तराखण्ड राज्य

गीत लेखन के संदर्भ में उत्तराखण्ड राज्य के गीत भी अपनी महत्ता रखते हैं। इस राज्य की संस्कृति कुछ अलग तरह की है। इसमें कुमाऊँ और गढ़वाली की अपनी अलग पहचान है।

उत्तराखण्ड राज्य के गीतों की शैली, भाषा, वर्ण, विषय और गायन समय आदि के आधार पर कई भागों या प्रकार में बाँटा जा सकता है। उत्तराखण्ड राज्य के कुछ प्रमुख गीत इस प्रकार हैं।

झुमैलो गीत -गीत उत्तराखण्ड के गढ़वाल क्षेत्र में गाये जाने वाले झुमैलो गीत वेदना और प्रेम के प्रतीक हैं। इनमें नारी हृदय की वेदना के साथ उसके रूप सौंदर्य का वर्णन भी मिलता है।

बसन्ती गीत- उत्तराखण्ड में बसन्त के आगमन पर किशोरियाँ फ्यूली के फूलों को एकत्र कर प्रायः घर-घर जाकर देहली पूजा करती हैं। बसन्त पंचमी के दिन देहलियों और द्वारों पर चावल के आटे से चित्र बनाकर गोबर से हरे जौं की गुच्छियाँ थाप कर लगायी जाती हैं। इस पूरे कार्यक्रम के दौरान बसन्ती गीत गाये जाते हैं।

होली गीत - बसन्त के मौसम में यह गीत होली के दिन गाया जाता है। लोग शंख, ढोलक और दमाऊ बजाते हुए गाँव -गाँव जाते हैं और यह गीत गाते हैं

बाजूबन्द नृत्य गीत - खाई जौनपुर क्षेत्र में गाया जाने वाला एक प्रेम नृत्य गीत है। इसे जंगल में बांज, बुरांश, काफल, चीड़ और देवदार के पेड़ों के नीचे बैठकर गाते हैं।

खुदेड़ गीत - पहले गढ़वाल की लड़कियों का विवाह बचपन में ही हो जाता था। ससुराल में उन्हें सारे काम करने पड़ते थे। सास का अत्याचार सहना पड़ता था। अतः वे मायके की याद में खुदेड़ गीत गाती थी।

चौफला गीत - यह एक प्रकार का प्रेम गीत है। इसमें स्त्री सौंदर्य के वर्णन के साथ ही चारों प्रकार की कामनायें धर्म, अर्थ, काम, मोक्ष समाहित होती हैं।

कुलाचार या विरुदावली गीत - ये राज्य में औजी जाति के लोगों द्वारा

अपने ब्राह्मण क्षत्रिय यजमान के द्वारा ब्याही हुयी कन्याओं के घर जाकर गाये जाते हैं।

चौमासा- ये गीत बर्षा ऋतु में गाये जाते हैं। जिसमें अधिक बर्षा एवं पिया मिलन की आस रहती है।

बारहमासा - बारहमासा गीतों में बारह महीनों के लक्षणों का वर्णन होता है।

पट गीत - पट गीत उपदेशात्मक गीता होती है इसे छुड़ा भी कहते हैं।

चूरा गीत- वृद्ध भेड़ चरवाहों द्वारा युवा चरवाहों को कुछ सीख देने के लिये गाया जाता है।

छोपति या छपेली गीत - विवाह या किसी उत्सव में स्त्री गोलाकार स्थिति में बैठकर प्रश्नोत्तर के रूप में गाये जाते हैं।

जागर गीत - इनका सम्बन्ध पौराणिक देवताओं से होता है।

झोड़ा गीत- कुमाऊँ क्षेत्र में माघ महीने में गाया जाता है। यह एक समूह नृत्य गीत है। स्त्री पुरुषों के श्रृंगारिक नृत्य वाला यह गीत का मुख्य गायन वृत के बीच में हुड़की बजाते हुए गाया और नाचा जाता है।

इसी तरह के और भी गीत हैं जैसे चांचरी गीत, भगनौल गीत, न्योलो गीत, बैर गीत, हुड़की बोली गीत, ऋतुगीत, नृत्यगीत, मांगला या संस्कार गीत, धार्मिक गीत, लौकिक गीत, जाति विशेष के गीत, देशभक्ति पूर्ण गीत, मनोरंजनात्मक गीत, भांटा -सांटा गीत, लोरी गीत, हास्य-व्यंग्य गीत आदि उत्तराखण्ड राज्य की संस्कृति से जुड़े गीत हैं।

उत्तराखण्ड देवों की स्थली कही जाती हैं। यहाँ के प्रसिद्ध तीर्थ धाम गंगोत्री, यमुनोत्री, केदारनाथ और बद्रीनाथ हैं। हरि का द्वार कहा जाने वाला शहर, हरिद्वार भी यहीं है। हरिद्वार में अनेकों जगह तीर्थ स्थल के नाम से जानी जाती हैं।

हरिद्वार से श्रावण मास एवम् महाशिवरात्रि के अवसर पर कांवड़ यात्रायें चलती हैं। इस अवसर भगवान शिव और माँ गौरा के तमाम भजनों का भण्डार रहता है। प्रतिवर्ष नये-नये भक्ति गीतों से वातावरण भक्तिमय बना रहता है। अतः भक्ति गीतों के लेखन का एक बड़ा दायरा यहाँ है।

नये गीतकारों के भक्ति गीत सृजन के लिये खासे अवसर मिलते हैं। कांवड़ियों के लिये भी नये-नये भक्ति गीतों का सृजन होता है। इसी तरह का वातावरण महाशिवरात्रि के अवसर पर भी रहता है। सारा-सारा दिन "बम भोले" के नाम से गुन्जायमान रहता है। मैं स्वयं भी ऐसी परिस्थियों, ऐसे अवसरों से दूर नहीं रह पाता और कुछ न कुछ सृजित हो जाता है।

पंजाब, राजस्थान, हरियाणा, गुजरात, उत्तर प्रदेश और उत्तराखण्ड की भांति ही भारत के प्रत्येक प्रान्त की अपनी-अपनी संस्कृति, अपने-अपने रीति रिवाज, अपनी-अपनी बोली, भाषायें, परम्परायें, वाद्य यन्त्र अलग-अलग हैं। उसी के अनुरूप वहाँ के गीत भी होते हैं। सृजनकार उसी के अनुसार उस भाषा में लेखन करते हैं।

एक सृजनकार के लिये यह सम्भव नहीं है कि वह प्रत्येक भाषा में लिख पाये। लेकिन एक-दूसरे प्रान्तों के गीतों को सुनकर, उनका संगीत और धुन के आधार पर, हम अपनी भाषा में गीत लिख सकते हैं। वैरायटी परिवर्तन के लिये ये अच्छे माध्यम होते हैं।

भारत के प्रसिद्ध गीतकार

भारत के प्रसिद्ध गीतकारों ने न जाने कितने गीत फिल्म जगत को दिये हैं। सभी को एक माला में पिरोया जाना मुश्किल है। गीतकारों ने जिस तरह समाज के दर्पण के रूप में जिस तरह काम किया है उसका बयां करना कठिन है। स्वंय को विपरीत परिस्थितियों में रखकर भी गीतकारों ने स्वंय को समाज को समर्पित किया है।

जब कलम की तासीर को संगीत की तरंगों के साथ परोसा जाता है तब उसका स्वाद चखने वाले कान, उसे मस्तिष्क से प्रवाहित कर सीधा दिल में उतार देते हैं। इसमें भी कुछ ही विरले वह गीत होते हैं जो सदियों तक याद रह जाते हैं और गुनगुनाए जाते हैं। पेश हैं हिन्दी सिनेमा के ऐसे ही कुछ गीतकारों के नाम जिन्होंने लोगों के दिलों पर अमिट छाप छोड़ी है।

अन्जान, आनन्द बक्षी, गुलजार, गुलशन बाबरा,

गोपालदास 'नीरज', हसरत जयपुरी, जावेद अख्तर,

कमाल अमरोही, मजरूह सुल्तानपुरी, पण्डित नरेन्द्र शर्मा,

प्रदीप, प्रकाश मेहरा, प्रेम धवन, रवीन्द्र जैन,

डा. राही मासूमरजा, समीर, सन्तोषानन्द,

साहिर लुधियानवी, सावन कुमार, शकील बदायूंनी,

शैलेन्द आदि-आदि

गीत तो कोई भी लिख सकता है

छाया गीत - विविध भारती से प्रसारित होने वाला फ़िल्मी गीतों का एक अनूठा कार्यक्रम। वैसे फ़िल्मी गीत तो विविध भारती पर बजते ही रहते हैं। जिनमें अधिकतर गीत श्रोता अपनी पसन्द से ही सुनते हैं। छाया गीत ही एक ऐसा कार्यक्रम है जिसमें उद्घोषक अपनी पसन्द के गीत सुनवाते है। इन गीतों को मेरे अलावा शायद और भी बहुत से ऐसे श्रोता होंगे जो अन्य कार्यक्रमों में बजने वाले गीतों से ज्यादा पसन्द करते हैं।

आपको वास्तव में मधुर वाद्य जैसे गिटार या पियानो के बुनियादी ज्ञान, एक विचार और उचित पद्धति की जानकारी होने की आवश्यकता है। अगर आप जानते हैं कि कैसे अपने गीत के लिए विचारों का मंथन करना है। शब्द कैसे लिखने हैं और किस तरह गीत रचा जाए। आप स्वयं को गीतकार कह सकते हैं। बहुत ही जल्दी, शायद आप चीख़ती हुई भीड़ के लिए अपना गीत गाते हुए मंच पर हो सकते हैं!

अपने गीत के लिए आप किस शैली में काम करना चाहते हैं उसका निर्णय करें: विभिन्न संगीत शैलियों की विशिष्ट शास्त्रीय विशेषताएं होती हैं जिन्हें आप अपने गीत में उपयोग करना चाह सकते हैं। आप एक देहाती गीत लिख रहे हैं, तो आप दुःख और भावनाओं की थीम अपनाते हुये धुनों और गीतों को रचने के लिए स्टील गिटार का उपयोग करना चाह सकते हैं।

आप एक रॉक गीत लिख रहे हैं, तो आप पावर कॉर्ड्स का उपयोग कर सकते हैं और विद्रोह के बारे में गीत लिख सकते हैं। ऐसी लय और ताल चुनें जो आपके गीत की मनोदशा और शैली से मेल खाती हो। तेज़ लय और ताल उत्साही या अराजक गीतों के लिए सबसे अच्छा काम करते हैं जैसे टेक्नो और पंकरॉक संगीत। पॉप और देहाती गीतों की तरह दुःखद या भावनात्मक गाने आमतौर पर धीमी लय और तालों में होते हैं।

आपका गीत उन श्रेणियों में से किसी में फिट नहीं है, तो आप मध्य-गति का प्रयोग कर सकते हैं, जो क्लासिक रॉक संगीत की खास पहचान है। उदाहरण के लिए, एक पंक रॉक गीत में आमतौर पर तेज़, ड्राइविंग लय होती है

और 4/4 संकेत ताल का उपयोग होता है (बीट एक चौथाई नोट 1 सेकंड तक चलती है और प्रति माप 4 बीट्स होती हैं)।

रेगे संगीत अक्सर सिंकोपेटेड बीट्स (syncopated beats) का उपयोग करता है, जो लय से दूर होती हैं तथा एक अपरंपरागत वाइब (v lbe) को व्यक्त करती हैं।

यह जानने के लिए ऑनलाइन खोज करने का प्रयास करें कि जो संगीत आप प्रयोग करना चाहते हैं उस विशेष शैली में कौन सी लय या ताल का प्रयोग होता है।

पियानो या गिटार पर मूल संगीत बजाएँ: चाहे आप अपने गीत में इन वाद्यों का उपयोग करने का इरादा नहीं भी रखते हों, तो भी स्वर-माधुर्य के विकास के समय उन्हें प्रयोग करना आसान होता है। सामान्य कुंजी, जैसे जी, ए, सी, डी, ई, और एफ़ के साथ बजाना शुरू करें। अपने गीत की इच्छित थीम को ध्यान में रखें और उस कुंजी पर सेटल (settle) करें जो इसे वहाँ पहुँचा सके।

मेजर और माइनर स्केल्स का उपयोग करके स्वर-माधुरी का विकास करें। जिस मनोभाव को आपने व्यक्त करने के लिए चुना हैं उसके अनुरूप कुंजी में स्केल का उपयोग करें। अलग-अलग मेलोडीज़ के साथ तब तक प्रयोग करें जब तक कि आप किसी ऐसी ध्वनि पर न आएं जो आपके गीत के लिए उपयुक्त भी हो और महसूस भी हो। प्रमुख कुंजी को आमतौर पर खुश, उत्साही या ऊर्जावान माना जाता है। माइनर स्केल्स को आमतौर पर उदास या भावनात्मक माना जाता है।

उदाहरण के लिए, डी माइनर को अक्सर सबसे उदास कुंजी के रूप में उद्धृत किया जाता है।

सी मेजर सबसे खुश ध्वनि कुंजियों में से एक है। अपने गीत के थीम के आधार पर, आप विभिन्न भावनाओं को व्यक्त करने के लिए मेजर और माइनर कुंजियों के बीच वैकल्पिक भी हो सकते हैं।

मेलोडीज़ लिखने में मदद की ज़रूरत है तो गिटार सबक लें। आपको गाना लिखने के लिए गिटार-गुरु बनने की आवश्यकता नहीं है, लेकिन मूल बातें जानना वास्तव में मदद करता है, जैसे विभिन्न नोट्स कैसे बनाएं, कॉर्ड्स

बजाइए और ट्यूनिंग्स के साथ प्रयोग करिए।

आस-पास की म्यूज़िक शॉप में स्थानीय गिटार शिक्षक की तलाश कर सकते हैं या संभावनाओं के लिए स्थानीय क्रेगलिस्ट भी देख सकते हैं। आप अपने कौशल को निखारने के लिए ऑनलाइन वीडियो ट्यूटोरियल का उपयोग करने पर भी विचार कर सकते हैं।

एक बार जब आप मूल बातें जान लें, तो अपने गीत के लिए मेलोडीज़ का प्रयोग करना शुरू करें और विचारों को विकसित करने में सहायता के लिए अपने गिटार का उपयोग करें। अगर आपको संगीत लिखने में मदद की ज़रूरत है तो सह-लेखक की मदद लें: यदि आप अपने गीत के लिए ऐसे तत्वों की कल्पना कर रहे हैं जो आप जानते हैं कि आप स्वयं नहीं बना सकते हैं, तो लिखने की प्रक्रिया में अपने साथ शामिल होने के लिए संगीत की प्रतिभा वाले मित्र से पूछने पर विचार करें।

मन के गीत के लिए थीम, टोन और शब्दों को उसे समझा सकते हैं और फिर अपने विचारों को संगीत में अनुवादित करने के लिए अपने मित्र के साथ काम कर सकते हैं। आप किसी ऐसे व्यक्ति को नहीं जानते हैं जो आपकी सहायता कर सके, तो क्रेगलिस्ट पर विज्ञापन डालने या संदेश बोर्ड पर पोस्ट करने पर विचार करें ताकि कोई ऑनलाइन सहयोग करने के लिए मिल सके।

संगीत बनाने के लिए म्यूज़िक सॉफ्टवेयर का प्रयोग करें: यदि आप वाद्य नहीं बजा सकते हैं, तो इसके कारण गाने लिखने से न रुकें! कई लोग, विशेष रूप से इलेक्ट्रॉनिक संगीत कलाकार, एबलेटन (Ableton) जैसे संगीत सॉफ़्टवेयर का उपयोग अपना संगीत बनाने में करते हैं। सॉफ़्टवेयर ड्रम, बास, कोईस और धुनों के साथ हज़ारों पूर्व-रिकॉर्ड की गई ध्वनियों के साथ आता है, जिससे आप अपने स्वयं के गाने बनाने में अनंत उपायों से उन्हें जोड़-तोड़ सकते हैं। आप इस सॉफ़्टवेयर के साथ सिंथ ध्वनियों, गिटार प्रभाव, फ़िल्टर, और बहुत कुछ का पता लगा सकते हैं।

आप अपने सॉफ़्टवेयर की स्टॉक ध्वनियों में नई ध्वनियों के पूरे पुस्तकालयों को जोड़ने के लिए अलग-अलग प्लग-इन भी खरीद सकते हैं। संभावनाएं वास्तव में असीमित हैं।

अपने गीत के लिए एक शीर्षक चुनें: यह विरोधाभास लग सकता है, लेकिन गीत विचारों के आने का सबसे आसान तरीका, संभावित शीर्षकों के बारे में सोचना है। टी वी शो, फिल्में, किताबें, और रोज़मर्रा के वार्तालाप में विशेष रूप से आकर्षक या सारगर्भित वाक्यांशों को देखें और उन्हें नोटबुक में या अपने फोन में लिखें। आप मेलोडी लिखने के बाद भी गीत का शीर्षक देने का इंतज़ार कर सकते हैं। जब शीर्षक की बात आती है तो कोई एक दृष्टिकोण दूसरे की तुलना में बेहतर नहीं होता है, इसलिए जो आपको सबसे स्वाभाविक लगता है वही चुनें।

यह आपके शीर्षक द्वारा सुझाए गए प्रश्नों की एक सूची बनाने में मदद कर सकता है। फिर, आपके शब्द गीत के अंत तक उन सभी सवालों के जवाब दे सकते हैं। उदाहरण के लिए, शीर्षक "हार्टब्रेक होटल" से प्रश्न उठता है, "हार्टब्रेक होटल क्या है?", "वहाँ क्या होता है?" और "यह कहां है?" एल्विस अपने गीतों में इन सभी सवालों के जवाब देता है।

अपने गीत के लिए एक हुक लाइये: गीत में हुक एक आकर्षक वाक्यांश होता है जो आपके मस्तिष्क में अटक जाता है और फिर उसे कभी नहीं छोड़ता है। अक्सर गीत के शीर्षक के रूप में उसका उपयोग किया जाता है। जब तक आपको ठीक न लगे तब तक विचारों को धुनों के साथ बजाएँ। आपके पास अनेक शीर्षक विचारों की सूची है, तो यह देखने के लिए कि क्या उनमें से कोई एक विशेष रूप से अच्छा हुक बन सकता है, उसे अलग अलग धुनों में इस्तेमाल करके देखिये।

लेडी गागा के गीत "बैड रोमांस" का हुक है "रह रह आह-आह-आह! /रो माह रो-मह-मह/गागा ओह-ला-ला !/आपका बुरा रोमांस चाहते हैं।"

कार्ली राय जेपसन के गीत "कॉल मी मेबी" का हुक है "अरे, मैं बस आपसे मिला हूं और यह क्रेज़ी है/ लेकिन यहां मेरा नंबर है, इसलिए हो सके तो कॉल करें।" नील डायमंड के गीत "स्वीट कैरोलिन" का हुक "स्वीट कैरोलिन" है।"

अपने हुक के चारों ओर एक कोरस बनाएँ: कभी-कभी, आपका हुक आपके पूरे कोरस के रूप में काम कर सकता है। कभी कभी, यह आपके कोरस का सिर्फ़ हिस्सा होता है। आमतौर पर शुरुआत या अंत में। चाहे जो भी हो,

आपका कोरस आमतौर पर आपके छंद से अधिक अस्पष्ट होना चाहिए। अपने कोरस का प्रयोग, बारीकियों में जाए बिना, अपने गीत के विषय की समरी (summary) देने के लिए करें।

उदाहरण के लिए, कार्ली साइमन का "यू आर सो वेन" कोरस गीत विषय के रूप में अपने विषय की व्यर्थता पेश करता है, लेकिन यह स्पष्ट रूप से नहीं समझाता है कि विषय व्यर्थ क्यों है।

एक कविता लिखें जो आपके कोरस द्वारा प्रस्तुत विषयों पर आधारित हो: छंदों में आपके कोरस द्वारा प्रस्तुत अस्पष्ट विषयों पर आगे बताने के लिए मज़बूत, यथार्थ इमेजरी और विशिष्ट उदाहरणों का उपयोग होना चाहिए।

उदाहरण के लिए, "यू आर सो वेन" के पहले छंद में, एक विशिष्ट उदाहरण के साथ अपने विषय की वैनिटी स्थापित करने के लिए, कार्ली साइमन गाती है "आपकी एक आँख शीशे पर थी/ जब आपने ख़ुद को नाचते देखा।"

दो और छंद लिखें जो पिछले वाले पैटर्न का पालन करें: जब आप पहला छंद लिख लेते हैं, तो अगले 2 को थोड़े ही समय में लिखना काफ़ी आसान हो जाना चाहिए। अन्य 2 छंदों को नई जानकारी प्रदान करने के साथ पिछले वालों के समान गेय और मधुर पैटर्न का पालन करना चाहिए।

अपने गीत को अंतिम रूप देना

निर्णय करें कि आप अपने गीत में ब्रिज जोड़ना चाहते हैं या नहीं: ब्रिज एक और कोरस की तरह है जो केवल एक बार गाया जाता है और आपके गीत के विषय को नए तरीक़े से प्रस्तुत करता है। अपने ब्रिज का प्रयोग गीत को रोचक बनाने के लिए नए छंदों को नई कुंजी में या एक ही कुंजी में अलग-अलग कॉर्ड्स के साथ गाकर करें। सुनिश्चित करें कि आपके ब्रिज के शब्द आपके कोरस के शब्दों की तरह अस्पष्ट हों। नई बारीकियों को पेश न करें।

किसी विशेष वाद्य के साथ अपने कौशल को पेश करना चाहते हैं तो आप अपने ब्रिज को वाद्य यंत्र सोलो के अवसर के रूप में उपयोग करने पर भी विचार कर सकते हैं।

गीत की अंतिम संरचना को सुदृढ़ करें : आज प्रयोग में आनेवाली सबसे आम गीत संरचना है छंद/कोरस/श्लोक/कोरस/ब्रिज/कोरस। लेकिन, आप

इस संरचना को बदल कर देख सकते हैं कि आपके गीत के लिए सबसे अच्छा क्या है। उन तत्त्वों को लें जिन्हें आपने पहले ही बनाया है और उन्हें अदल-बदल कर प्रयोग करें। उनमें से कुछ को तब तक दोहराएं, जब तक संरचना सही न हो जाये।

कुछ शैलियां विशिष्ट गीत संरचनाओं का उपयोग करती हैं। उदाहरण के लिए, ईडीएम अक्सर परिचय/छंद/कोरस/ ब्रेकडाउन/छंद/कोरस/छंद/ कोरस/ब्रिज/कोरस/आउट्रो का उपयोग करता है।

अधिक पूर्ण ध्वनि बनाने के लिए अन्य वाद्य जोड़ें: एक बार जब आप अपना गीत लिखना समाप्त कर लें, तो आप वाद्य जैसे ड्रम, बास गिटार और की-बोर्ड को स्वर-माधुरी के लिए ड्राइव और स्वरोच्चारण से जोड़ सकते हैं। आपके अन्य वाद्यों को उसी की और टाइम सिग्नेचर में बजाया जाना चाहिए जिसे आपने पहले तय किया था। आपको अन्य वाद्यों को बजाना नहीं आता है, तो अपने कंप्यूटर का प्रयोग करके गीत की नींव रिकॉर्ड करने का प्रयास करें। फिर गीत मंत नए तत्व जोड़ने के लिए एबलेटन या गैरेजबैंड जैसे संगीत सॉफ़्टवेयर का प्रयोग करें।

याद करने तक अपने गीत का अभ्यास करें: अपने गीत के अंशों का अलग-अलग तब तक अभ्यास करें जब तक आप उनमें से हरेक को याद नहीं कर लेते हैं। फिर उन सभी को सही क्रम में एक साथ अभ्यास करने के लिए आगे बढ़ें जब तक कि आप इसके बारे में सोचें। बिना एक तत्व से अगले तक आसानी से ट्रांज़िशन कर सकें।

अपना गीत रिकॉर्ड करें : एक बार जब आपको गीत याद हो जाए, तो आपको इसे रिकॉर्ड करना चाहिए। अपने फ़ोन, डिजिटल रिकॉर्डर, लैपटॉप और सॉफ्टवेयर या वीडियो कैमरे का प्रयोग करें। जब आप अपनी रिकॉर्डिंग कर लें, तो इसकी प्रतिलिपि बनाना या क्लाउड पर अपलोड करना सुनिश्चित करें। इस तरह आप अपना गीत न तो कभी भूलेंगे और न ही उसे खोएंगे।

गीतकारों ने बदला सिनेमा का चेहरा

यह अब तक भले ही किसी को समझ में आया हो या नहीं कि जिंदगी को जीना एक कला है या कला का दूसरा नाम जिंदगी। लेकिन इतना जरूर है कि इंसानी फितरत में कला की विधा का हर आयाम अपने हर स्वरूप में हमेशा मौजूद होता है। जो, कभी किसी को गरीबी की गुमनाम गलियों से निकाल कर नेता के रूप में राष्ट्र के फलक पर ले जाकर स्थापित कर देता है, तो किसी को खेल के मैदान में ले जाकर खिलाड़ी के रूप में खड़ा कर देता है। कभी यह किसी को जज्बातों के जंजाल से निकालकर बहुत निर्मम किस्म का अपराधी बना डालता है, तो किसी को अपने भीतर की भावनाओं को जहीन शब्दों में ढालकर हर किसी की भावनाओं के प्रतीक के रूप में परोसकर दुनिया के दिलों में उतरने वाला गीतकार बना देता है।

फिल्मों में गीतों का एक मजा होता है। गीतों के शब्द किसी व्यक्ति की भावना और ऐसी बहुत बातें कह डालते हैं, जो किसी के समक्ष कहने में झिझकते हैं। मनोज कुमार की फिल्में देश भक्ति गीतों से परिपर्ण रही हैं।

मेरे देश की धरती सोना उगले...उगले हीरो मोती...

भारत का रहने वाला हूँ...भारत की बात सुनाता...

दुल्हन चली....

गीतकारों ने किसी के अपने भीतर की भावनाओं को जहीन शब्दों में ढालकर हर किसी की भावनाओं के प्रतीक के रूप में परोसकर दुनिया के दिलों में उतरने वाला गीत बनाया है। गीतकारों ने गीतों के माध्यम से ऐसी बहुत सी बातें जो लोग ज़िंदगी में अपने भीतर की इस कला को वक्त रहते समझकर, उसी के साथ, उस रास्ते पर चल पड़ते हैं। वे शिखर का मुक़ाम हासिल कर ही लेते

हैं। हमारे सिनेमा में बोल की बारीकियों वाले गीतों से लेकर गीतकारों के नये-नये नामों का यह जो बदलाव दिखाई दे रहा है, इसी का परिणाम है कि गुलजार, रविंद्र जैन, शैलेंद्र, साहिर, जावेद अख्तर जैसे गीतकारों के बोल बाजार के बीच होने के बावजूद कम सुनाई दे रहे हैं, और संजय मासूम छाए हुए हैं, इरशाद कामिल वाह वाही बटोर रहे हैं, स्वानंद किरकिरे के बोल बिक रहे हैं और प्रसून जोशी की प्रज्ञा ज्वाला की तरह जल रही है।

'कभी-कभी' फिल्म के गीत 'मैं पल दो पल का शायर हूं" में साहिर लुधियानवी ने बिल्कुल सही लिखा था कि -

'कल और आएंगे नगमों की खिलती कलियां चुनने वाले,

मुझसे बेहतर कहने वाले तुमसे बेहतर सुनने वाले.. ।'

नये जमाने में कुछ बेहतर पाने की ललक वाले इन गीतकारों के जज्बे ने जैसे ही जोर मारना शुरू किया, तो नये जमाने की नई फिल्मों में नये बोल लेकर नये गीतकारों की पूरी की पूरी नई फौज नये तरीके से खड़ी हो गई। अमिताभ भट्टाचार्य, प्रसून जोशी, पीयूष मिश्रा, नीलेश मिश्रा, फरहान अख्तर, विशाल भारद्वाज, जलीस शेरवानी, सैयद कादरी, श्रीधर वी सांभरम, इरशाद कामिल, मयूर पुरी, जयदीप साहनी, जैसे बहुत सारे नये-नये ऐसे नाम हमें सुनने को मिल रहे हैं, जिनके लिखे गीत जमाने की लीक थोड़े से अलग हैं, लेकिन सीधे दिल में उतरते हैं। ये वे लोग हैं, जिनकी सबसे पहली चिंता पेट पालना नहीं, बल्कि सिर्फ और सिर्फ यही है कि हमारी फिल्मों में गीतों की अहमियत कुछ और बड़ी होनी चाहिए।

यह शायद किसी को भी बताने की जरूरत नहीं है कि बोल खूबसूरत हों तो गाने में चार चांद लग जाते हैं और इससे फिल्म की लोकप्रियता भी बढ़ जाती है। 'राज-3' फिल्म में संजय मासूम का गीत

'रफ्ता-रफ्ता हो गई तू ही मेरी जिंदगी,

रफ्ता-रफ्ता हो गई चारों तरफ रोशनी,

सजदे में तेरे सर है, थोड़ा सा दिल में डर है,

कैसे करूं मैं बयां, जानू ना जानू ना..'

इसकी सबसे बढ़िया बानगी है। पत्रकार से गीतकार बने संजय मासूम और

इरशाद कामिल हों या प्रसून जोशी, जयदीप साहनी या फिर अनुराग कश्यप, ये सारे के सारे लोग नया गीत और गद्य रच रहे हैं। कुछ साल पहले आई फिल्मों ' रंग दे बसंती' हो या 'ब्लैक फ्राइडे', अनुराग की लिखावट ने उनको सबसे अलग मुकाम दे दिया।

नये गीतकार बीच बाजार में जा कर जिस तरह का दिल की गहराइयों में उतरने वाला गीत रच रहे हैं, वह बदले वक्त का गवाह है। ये वह पीढ़ी है जिसे देख कर यह कहना भले ही किसी को खराब लगे, लेकिन सच यही है कि बॉलीवुड में अब कई गुलजार पैदा हो गए हैं। इन नये गुलजारों के पास तमाम तरह के वगरे की भावनाओं की गहरी समझ है। ये लोग जानते हैं कि आवाम की आबो-हवा में फैली खुशबू को पकड़ने के लिए सिर्फ शब्द ही तो हैं, जो जिंदगी के जर्रें-जर्रें से गुजरते हुए अनुभव के तमाम लम्हों को बयां कर देने की तासीर रखते हैं।

प्रसून जोशी ने बहुत सारे बढ़िया-बढ़िया गीत लिखे हैं, लेकिन 'तारे जमीं पर' का उनका लिखा

'तू धूप है झम से बिखर, तू है नदी ओ बेखबर,

बह चल कहीं उड़ चल कहीं, दिल खुश जहां,

तेरी तो मंजिल है वहीं'

प्यारा-सा गीत तकलीफों की तपिश के तेवर की बदली हुई तस्वीर सा लगता है।

जोशी कहते हैं, ' तारे जमीं पर ' फिल्म से पहले मैंने बच्चों के बारे में कभी सोचा भी नहीं था। इसके गीत लिखते समय मुझे अहसास हुआ कि कितनी सुंदर दुनिया है। उन्हीं की तरह कई फिल्में और उनके डायलॉग लिखने से लेकर नामी गीतकार बनने के बाद अब संसद में बैठे जावेद अख्तर कहते हैं, 'मैं देख रहा हूं कि कठिन गीत लिखना तो कठिन है ही, पारदर्शी भाषा में ऐसे आसान गीत लिखना और कठिन है' जो लोगों की जुबान पर चढ़ सकें। लेकिन नई पीढ़ी के गीतकार यह सब बहुत आसानी से कर रहे हैं, इसीलिए इनके गीत दिल में उतर जाते है।

जब वी मेट, 'लव आजकल', 'रॉकस्टार', 'मौसम', 'मेरे ब्रदर की दुल्हन'

  गीत लेखन कैसे करें?

जैसी सफलतम फिल्मों के शानदार गीतों के रचयिता इरशाद कामिल कहते हैं - 'ताजा दौर में संगीत की गहरी समझ रखने वाले भले ही जरा मायूस हों, लेकिन ये मायूसी लंबी नहीं है। हवा बहुत तेजी से बदल रही है और हमारे सिनेमा का गीत-संगीत फिर से अपनी मूल जड़ों की ओर रुख करने वाला है।'

अमिताभ भट्टाचार्य का 'एक मैं और एक तू' के लिए लिखा गीत 'कितने की है जमीं, कितने का आसमां, बिकते हैं ये कहां, भर लेंगे जेबों में दुकानें वो सभी, चल चलते हैं वहां' जिंदगी के अनछुए पहलुओं पर अपना असर छोड़ने की कामयाबी की कहानी रचते हैं।

महेश भट्ट की फिल्म 'राज-3' के गीत

'दीवाना कर रहा है, तेरा रूप सुनहरा,

मुसलसल खल रहा है मुझको अब ये सेहरा,

बता अब जाएं तो जाएं कहां'

लिखकर राशिद अली ने तकदीर के तिराहे पर खड़ी रूमानियत भरी जिंदगी की जो असली तस्वीर पेश की है, वह सिनेमा के नए रास्ते की गवाह है। लखनऊ से गायक बनने मुंबई आए, लेकिन गीतकार बन गए।

अमिताभ भट्टाचार्य के बारे में माना जा रहा है कि 'इमोशनल अत्याचार', 'एंवेई एंवेई' और 'अली रे' जैसे अपने गीतों से फिल्मों के गीत लेखन क्षेत्र में क्रांतिकारी बदलाव ले आए हैं। भट्टाचार्य कहते हैं- मैंने पहले कभी गीत नहीं लिखे थे। मैं संगीत बनाता था और अभ्यास के लिए गीत लिखता था लेकिन फिर मैं गीतकार ही बन गया। किसी ताजी हवा के झोंके जैसे इन गीतकारों के गीतों से सजे इस गजब माहौल में यह एक बड़ा फायदा यह हुआ है कि बहुत- सी प्रतिभाओं के प्रदर्शन का रास्ता साफ हुआ और गीतों की एक नई बयार बहने लगी है।

इन प्रतिभाओं में दरअसल कितनी 'प्रतिभा' है, यह हमारे सिनेमा का संसार तय कर ही रहा है। इस पूरे बदले हुए माहौल पर गुजरे जमाने के गीतकार नीरज की एक बात याद आती है, जिसमें उन्होंने कहा था कि कुछ दिन पहले फिल्म 'एक विलेन' में मिथुन का लिखा गीत

यूँ मिले हो तुम मुझसे जैसे बंजारे को घर' बहुत पसंद किया जा रहा है,

यह मेरे लिए सुखद बात है। मैं मिथुन से कभी मिला नहीं हूं लेकिन गीत सुनकर लगता है कि इनमें अपार संभावनाएं हैं।

नीरज को जो लगा, उन्होंने कहा। लेकिन सच्चाई भी यही है कि नये गीतकार नई शब्दावली गढ़कर गीतों के नये आयाम गढ़ रहे हैं। साहिर के बोल बिल्कुल सही थे कि वे पल दो पल के शायर थे। नये जमाने के गीतकारों की नई कतार नई कलियां चुनने आ गई हैं।

कौसर मुनीर - संईयारा संईयारा सितारों के जहां में मिलेंगे अब यारा इरशाद कामिल, आज दिन चढ्या जलिस शेरवानी चोरी किया रे जिया रश्मी सिंह,खामोशियां अहमद अनीस, मैं तैनु समझावां सईद कादरी,भीगे होंठ तेरे संदीप नाथ, सुन रहा है ना तू, रो रहा हूं मैं प्रसून जोशी, मस्तानों के झुंड, हवन करेंगे।

वर्तमान में गीतकार

जवानी है दीवानी 'फ़िल्म के बदतमीज़ दिल गीत जब का ज़िक्र होता है तो गायक बेनी दयाल का नाम हर जगह ज़रूर आता है पर गाने का निर्माण करने वाले संगीतकार और गीतकार का नाम कहीं नहीं लिया जाता।

2004 की फ़िल्म 'धूम' से एकल संगीतकार के रूप में बॉलीवुड में कदम रखने वाले प्रीतम को आज के संगीत के दौर से शिकायत है कि जो आदर पहले संगीतकार और गीतकार को मिलता था वो आज नहीं मिल रहा है। एक दशक से अधिक हिंदी फ़िल्म इंडस्ट्री में सफ़ल वक़्त गुज़ार चुके संगीतकार प्रीतम ने श्रोताओं को कई हिट गाने दिए है। बी बी सी से ख़ासतौर पर रूबरू हुए प्रीतम ने अपने सफ़र को साझा किया।

अपने संगीतमय फ़िल्मी सफर को उन्होंने एक सपना बताया और जो कुछ भी उन्हें मिला उससे वो संतुष्ट हैं पर उन्होंने माना की म्यूज़िक इंडस्ट्री में अब संगीत बनाने वालों की पहचान खोती जा रही है।

प्रीतम कहते हैं संगीतकार और गीतकार अपने मौलिक अधिकार खोते जा रहे हैं। जहाँ एक ज़माने में जब किसी गाने का कहीं पर ज़िक्र हुआ करता था तो गायक के साथ-साथ गीतकार और संगीतकार का भी नाम लिया जाता था। अब ये सिर्फ़ गायक तक सीमित रह गया है। वो आगे कहते हैं, "गायकी से बहुत पैसे मिलते हैं। अगर आपका एक गीत हिट हो जाए तो कई शो में उस गाने से बहुत कमाई होती है। उस गायक की कमाई गीतकार और संगीतकार से 500 गुना ज़्यादा होती है। ये नवीन पीढ़ी को प्रोत्साहन नहीं देता कि वो गीतकार या संगीतकार बने। वो पहले गायक बनना पसंद करेंगे क्यूंकि उसमे ज़्यादा कमाई है।

दर्शक अक्सर शिकायत करते हैं कि गीत-संगीत ख़राब होता जा रहा है। पुराने ज़माने के गाने ज्यादा अच्छे थे। आज के गाने अच्छे नहीं है। उस दौर में नौशाद साहब, आनन्द बक्षी और लक्ष्मीकांत प्यारेलाल जी को वो आदर मिलता था. आज उस आदर और सम्मान की कमी है।

प्रीतम का कहना है की पश्चिम में हर हिट गाने की कमाई से गीत के निर्माता

को हिस्सा मिलता है जो यहाँ नहीं मिलता है। प्रीतम का ये भी कहना है कि अगर गीतकार या संगीतकार नया होता है तो निर्माता उसका शोषण करते हैं। कम पैसों में काम करवाते हैं और जब गाने हिट हो जाते है तो नया संगीतकार अधिक पैसे के आकर्षण में ज़रूरत से ज़्यादा काम का भार उठा लेते हैं जिससे संगीत की गुणवत्ता में कमी आती है।

नए गायक को मौका देने की चाहत में प्रीतम ने हिंदी इंडस्ट्री में नया ट्रेंड शुरू किया जिसमें वो एक गीत कई गायक से गवाया करते थे। इस ट्रेंड से मोहित चौहान, अमित मिश्रा, जोलिंटा गाँधी जैसे गायक को फ़िल्मों में गाने का मौका मिला। पर दिक्कतें तब आई जब प्रसिद्ध गायक की आवाज़ों में गाना डब होने लगा और उन्हें अंत में रद्द कर दिया गया।

प्रीतम ने कहा, "निर्माताओं के बंदूक से निकली गोली गीतकार संगीतकार के कंधे से होकर गुज़रती थी। जिससे मेरे संबंध गायक से ख़राब हो जाते थे। अब मैंने प्रणाली बनाई है की जिस गायक की आवाज़ में गीत डब होगा उसे मैं रद्द नहीं करूँगा क्योंकि मुझ पर कई बार इसके गलत आरोप लगे

'मैंने कई ग़लत फैसले लिए' प्रीतम पर कई बार संगीत चोरी का भी इल्ज़ाम लगा था। इस पर सफ़ाई देते हुए प्रीतम ने कहा, "मेरे शुरुआती करियर में मैंने कई ग़लत फैसले ले लिए थे। उस समय मेरी समझ भी कम थी। पर अब मैं उससे बाहर आ चुका हूँ। लोगों को तुलना करने में ख़ुशी मिलती है वो निराधार है। कोई यन्त्र की धुन समान होने से संगीत समान नहीं हो जाता। शुरुआती करियर में दिक्कत हो गई थी। कभी-कभी ख़राब भी लगता है पर बहुत सारे लोग हैं जो बहुत प्यार देते हैं और वहीं से मुझे ऊर्जा मिलती है नए गाने बनाने की।

गीत के माध्यम से दुनिया की सैर

एक गीतकार का मन मस्तिष्क जब चलता है तो वह ऐसा लिख जाता है मानों सारी दुनिया को वह एक ही गीत की चन्द पंक्तियों में समेट देगा। गागर में सागर यदि भरा है तो वह गीतकार है, कवि है। पुरानी फिल्मों के गीतकार के एक-एक शब्द पर किस तरह फिल्मांकन किया गया है, देखते ही बनता है। ऐसे ही एक गीत का उल्लेख करना चाहूंगा जो सृजनकारों के लिये सीखने का बहुत बेहतरीन उदाहरण है -

फिल्म : अराउंड द वर्ल्ड (1967)

संगीतकार: शंकर-जयकिशन

गीतकार: शैलेन्द्र

गायन स्वर: मुकेश, शारदा राजन इयेंगर

दुनिया की सैर कर लो

दुनिया की सैर कर लो, दुनिया की सैर कर लो
इन्साँ के दोस्त बनकर, इन्साँ से प्यार कर लो
अराउंड दा वर्ल्ड इन 8 डॉलर्स...

लॉस ऐन्जिलिस भड़कीला, जहाँ हॉलीवुड है रंगीला
देखो डिज़्नीलैंड में आकर, परियों का देश धरती पर
दुनिया की सैर कर...

जब ग्रैंड कैनियन देखा, याद आ गया वो अनदेखा
नहीं तेरा कोई भी सानी, अरे वाह रे वाह मयामी
दुनिया की सैर कर...

हम अमन चाहने वाले, हम प्यार पे मरने वाले
एक बात कहेंगे सबसे, नफ़रत को मिटा दो जग से
इन्सान के हाथ का टोना, मिट्टी को बनाया सोना
ये वाशिंगटन अलबेला, न्यूयार्क शहर का मेला
दुनिया की सैर कर...

लन्दन की दौड़ दीवानी, पेरिस की शाम मस्तानी
कुदरत के ये खेल निराले, ज़रा देख ले देखने वाले
बर्लिन का बदलता चेहरा, और रोम का रंग सुनहरा
वेनिस में नाव की सैरें, ये गीत गाती हुई लहरें
दुनिया की सैर कर...

इस गीत को जब फिल्मी पर्दे पर देखते हैं तो लफ्जों का कमाल, फिल्मांकन आश्चर्य, गायन और संगीत का बेमिसाल करिश्मा, सब कुछ काबिले तारीफ से भी बढ़कर है। मैं चाहूंगा नवोदित गीतकार ऐसे लेखन से सबक लें।

भारत के आन्दोलनों में गीतों का महत्व

गीतकारों ने हमेशा ही आन्दोलनों में आन्दोलनकर्ताओं का हौंसला बढ़ाने में महत्वपूर्ण योगदान दिया है। चाहे वह "जय जवान जय किसान " का नारा हो अथवा अन्य गीत।

भारत के स्वतंत्रता के आन्दोलन में हिंदी कवियों के ओजस्वी उद्गारों तथा उनसे मिली प्रेरणा ने अत्यंत महत्वपूर्ण भूमिका निभाई। जिसे कभी भी विस्मृत नहीं किया जा सकता। आधुनिक खड़ी बोली हिन्दी कविता के प्रवर्तक बाबू हरिश्चंद्र ने भारत दुर्दशा का बड़ा ही मार्मिक चित्रण किया है ----

अंगरेज राज सुख साज सजे सब भारी।

पै धन विदेश चलि जात इहै अति ख्वारी।

सबके ऊपर टिक्कस की आफत आई।

हा ! हा ! भारत दुर्दशा देखी ना जाई।

राष्ट्रकवि मैथिलीशरण गुप्त अपनी राष्ट्रीय रचनाओं के कारण भारतीय स्वतंत्रता संग्राम के समय अत्यंत लोकप्रिय रहे। उनकी भारत-भारती सम्पूर्ण भारतवर्ष में गूँज उठी थी। उससे अनेक स्वतंत्रता संग्राम सेनानियों ने विशेष प्रेरणा प्राप्त की। गुप्तजी को अपनी ओजस्वी कृतियों के लिए जेल-यात्रा भी करनी पड़ी थी। उन्होंने जहाँ स्वतंत्रता आन्दोलन में व्यक्तिगत रूप से भाग लिया वहीं प्रेरक कविताओं और गीतों से अनेक भारतीयों को बलि-पथ पर अग्रसर किया।

प. माखन लाल चतुर्वेदी की कृतियों ने भी स्वतंत्रता सेनानियों के हृदय में राष्ट्र प्रेम की भावना जाग्रत की।

'एक फूल की चाह; शीर्षक कविता की कुछ पंक्तियाँ---

चाह नहीं मैं सुरबाला के गहनों में गूंथा जाऊं

चाह नहीं प्रेमी माला में बिंध प्यारी को ललचाऊं

चाह नहीं सम्राटों के सर पर हे हरि ! डाला जाऊं

चाह नहीं देवों के सिरपर चढ़ूं, भाग्य पर इठलाऊं

मुझे तोड़ लेना वन माली उस पथ पर देना तुम फ़ेंक

मातृभूमि पर शीश चढाने जिस पथ जावें वीर अनेक

प. रामनरेश त्रिपाठी ने भी अनेक स्वाधीनतापरक कविओताओं का प्रणयन किया। उन्हें पढ़कर पाठकों के हृदय में स्वतंत्रता के प्रति सहज अनुराग हुआ है। 'पथिक' खंड काव्य में परवशता और स्वतंत्रता का प्रतिपादन इस प्रकार किया गया है ---

एक घड़ी भी भी परवशता,कोटि नरक के सम है

पल पर की भी स्वतंत्रता,सौ स्वर्गों से उत्तम है

महाकवि जयशंकर प्रसाद द्वारा प्रस्तुत प्रयाण गीत ने स्वतंत्रता के लिए आगे बढ़ने की प्रेरणा आजादी के दीवानों को दी थी

हिमाद्रि तुंगश्रृंग से, प्रबुद्ध शुद्ध भारती

स्वयंप्रभा समुंज्ज्वला, स्वतंत्रता पुकारती

अमर्त्य वीर पुत्र हो, दृढ प्रतिज्ञा सोच लो

प्रशस्त पुण्य पंथ है, बढे चलो बढे चलो

अराति सैन्य सिन्धु में, सुबाडवाग्री से जलो

प्रवीर हो जाई बनो, बढे चलो, बढे चलो

श्री जगदम्बा प्रसाद मिश्र "हितैषी" की ये पंक्तियाँ आज भी बड़े गर्व से गायी जाती है--

शहीदों के मजारों पे लगेंगे हर वर्ष मेले

वतन पे मरने वालों का यही बाकी निशाँ होगा

कविवर श्यामलाल गुप्त 'पार्षद' का झंडा गीत स्वतन्त्रता सेनानियों के लिए शस्त्र ही बन गया था --

विजयी विश्व तिरंगा प्यारा

झंडा ऊँचा रहे हमारा

प. बालकृष्ण शर्मा 'नवीन' ने स्वयं सक्रिय रूप से भाग लिया। उन्होंने अपनी कविताओं के माध्यम से भी भारतीय स्वतंत्रता संग्राम में महती भूमिका निभाई।

राष्ट्रकवि प. सोहनलाल द्विवेदी प्रमुख गांधीवादी माने जाते हैं। उनकी अनेक रचनाओं का उपयोग स्वतंत्रता आन्दोलन की प्रभात फेरियों में किया जाता था।

श्रीमति सुभद्रा कुमारी चौहान की झांसी की रानी, रचना का भी स्वाधीनता आन्दोलन में विशिष्ट योगदान रहा है। इन कवियों के अतिरिक्त अनेक कवियों ने भी अपनी कविता के माध्यम से भारतीय स्वतंत्रता संग्राम में अपनी भूमिका का निर्वाह किया है। इसमें बद्रीनारायण चौधरी 'प्रेमधन' प्रताप नारायण मिश्र आदि अनेक नाम हैं जिन लोगों ने अपनी कविताओं के माध्यम से स्वतंत्रता संग्राम की अलख जागाने में अपना योगदान देते रहे।

अपने गीतों का प्रचार-प्रसार कैसे करें!

एक कहावत है "जंगल में मोर नाचा किसने देखा" अर्थात् जैसे जंगल में मोर नाचता है और उसे कोई देखता नहीं है। ठीक वैसे ही एक कलाकार की प्रतिभा को जब तक कोई देखेगा नहीं, कैसे जान पायेगा कि वह कलाकार है।

ऐसा कुछ नवोदित गीतकारों के साथ भी होता है। गीत लिखना, शायरी करना एक अलग बात है। परन्तु अपनी पहचान दूर-दराज शहरों तक होना दूसरा विषय है। इसके लिए कुछ माध्यम आप भी नोट करते चलें-

समाचार पत्र पत्रिकाऐं

स्थानीय स्तर के समाचार पत्र सभी जगह प्रकाशित होते हैं। इनमें अपनी रचनायें प्रकाशित कराकर जन-जन तक पहुंचने का पहला माध्यम है। स्थानीय समाचार पत्रों के पास विज्ञापन सामग्री कम आती है इसलिए वे इस तरह की सामग्री प्रकाशित कर अपने समाचार पत्र की पहचान जन-जन तक कराने की कोशिश करते हैं। इससे नवोदित सृजनकारों को अपनी पहचान बनाने का ख़ासा मौक़ा मिल जाता है।

मैंने स्वंय अपने शहर के स्थानीय समाचार पत्र "दैनिक दशानन" के माध्यम से अपनी पहचान का सिलसिला शुरू किया था।

राष्ट्रीय स्तर के समाचार पत्र

राष्ट्रीय स्तर के समाचार पत्रों जैसे अमर उजाला, दैनिक जागरण, पंजाब केसरी, हिन्दुस्तान आदि का प्रश्न है। इनमें भी इस तरह की सामग्री का प्रकाशन होता है मगर नाम मात्र के लिये। बड़े समाचार पत्रों में आमतौर पर विज्ञापन अधिक होते हैं। इसके अतिरिक्त समाचारों जैसे चोरी, धरना प्रदर्शन एवं जहां-तहां के छोटे-बड़े समाचारों को प्राथमिकता दी जाती है। अतः नवोदित

सृजनकारों को इनसे आशा नहीं रखनी चाहिए।

स्थानीय एवं राष्ट्रीय स्तर की पत्रिकाएं

राष्ट्रीय स्तर की पत्रिकाएं जैसे सरिता, कादम्बिनी आदि का जहाँ तक प्रश्न है वहाँ भी यही हाल है। कहीं कुछ पेजों पर बहुत कम सामग्री ही प्रकाशित होती है। एक कलाकार/सृजनकार को अपनी बात कहने, अपने मन की भड़ास मिटाने का अवसर मिल ही नहीं पाता। नवोदित सृजनकार करे तो क्या करे !

पत्रिकाओं के क्षेत्र में इससे आगे जब हम बढ़ते हैं तो हमारे सामने एक और विकल्प आता है। साहित्य/काव्य संकलनों का प्रकाशन। कई साहित्यिक संस्थायें, स्थानीय, नगरीय और राष्ट्रीय स्तर पर अपने-अपने काव्य संकलनों का प्रकाशन करती हैं। इन संकलनों में स्थानीय से लेकर बाहरी रचनाकारों को भी प्रकाशित होने का अवसर मिलता है।

रचनाकारों से काव्य संकलन के प्रकाशन हेतु कुछ राशि सहयोग के रूप में ली जाती है। जब इसमें भाग लेने वालों की संख्या एक पत्रिका के अनुरूप हो जाती है तब इनका प्रकाशन किया जाता है।

इस क्षेत्र में कुछ ऐसे प्रकाशक भी हैं जिन्होंने इसकी गरिमा को ठेस पहुंचायी है। इस माध्यम से वे रचनाकारों से राशि एकत्र कर गायब हो जाते हैं। अतः ऐसा करते समय थोड़ी सावधानी अवश्य बरतें।

नवोदित सृजनकारों के नाम पर उनके साथ कब धोखा हो जाये कुछ कहा नहीं जा सकता। बड़ा जोखिम रहता है। ऊंचाईयों तक पहुंचने का सफर इतना आसान नहीं होता। एक तरह घर फूंक तमाशा देखने के समान है।

सौभाग्य से इसी तरह के एक संकलन जिसमें 100 से अधिक रचनाकारों को बिना किसी आर्थिक सहयोग के अवसर दिया गया। एक वृहद संकलन 2000 पेज से भी अधिक "आपातकाल में सृजन फुलवारी" मध्य प्रदेश से प्रकाशित हुआ उसमें मेरे भी 16 गीतों को अवसर मिला। जो भी है ज़िंदगी में कदम-कदम पर जोखिम हैं, राहों में पल-पल कांटे हैं, फिर भी घबराना क्या ? ज़िंदगी चलने का नाम है।

सोशल मीडिया के माध्यम से अपनी पहचान

सोशल मीडिया अर्थात् what's app और Face book आदि। इन माध्यमों में what's app पर अपनी पहचान बनाने के लिए आप स्वंय एक अपना ग्रुप बना लें और उसमें अपने इष्ट मित्र और जो भी आपके परिचय में आने वाले हैं सभी को जोड़ कर अधिकतम संख्या करने का प्रयास करें। आपके ग्रुप बनाने पर आप अपनी सामग्री इन सब के पास तक कुछ ही क्षणों में पहुंचा सकते हैं।

आपके ग्रुप के जिन लोगों तक आपकी सामग्री पहुंचेगी वे इसे पढ़ेंगे इस पर अपनी प्रतिक्रिया आपको प्रेषित करेंगे। इस तरह आपको आगे बढ़ने की प्रेरणा मिलेगी। इसमें भी थोड़ा दिल तोड़ने वाला मामला होता है। जब आप से जुड़ने वाले बहुत से इष्ट मित्र आपके ग्रुप को छोड़ जाते हैं। हमारे दिल को चोट पहुंचती है। धैर्यता ज़िंदगी में एक परीक्षा के समान है।

मैंने फिल्म जगत की डायरेक्ट्री से लगभग 100 से अधिक हस्तियों को लेकर एक फिल्म इण्डिया गीतकार के नाम से एक ग्रुप बनाया जिसमें गीतकार, संगीतकार, फिल्म निर्माता, फिल्म कलाकार आदि सम्मलित थे। सब के लिये प्रतिदिन एक स्वरचित नया गीत भेजने का प्रयास किया और अभी भी इसे जारी रख रखा है।

परन्तु मुझे दुःख हुआ जब बहुत से कलाकारों ने ग्रुप छोड़ दिया। कहते हैं कलाकार के लिये जब तक एक भी दर्शक शेष है तब तक एक कलाकार जीवित है। ठीक इसी तरह मेरे ग्रुप में अभी भी कुछ लोग ऐसे हैं जो मुझसे जुड़े हैं।

मुझे प्रसन्नता है कि मेरे साथ आज भी महान संगीतकार श्रीमति उषा खन्ना जुड़ी हैं जिनके कमेन्ट्स् मुझे मिलते रहते हैं। आपका आशीर्वाद मुझे इस क्षेत्र में बढ़ने का हौसला प्रदान करता है।

सोशल मीडिया का एक और सशक्त माध्यम फेस बुक

अपने गीतों के प्रचार-प्रसार हेतु सोशल मीडिया का माध्यम Face Book

बहुत ही लोकप्रिय है। जहाँ what's up की सीमायें सीमित हैं। एक तरह का स्थानीय समाचार पत्र है, वहीं face book राष्ट्रीय से लेकर अन्तर्राष्ट्रीय स्तर तक आपको अपनी पहचान बनाने का सर्वोत्तम माध्यम है। face book की पहुंच असीमित है। पलक झपकते ही हम सम्पूर्ण विश्व के सामने होते हैं।

सामान्यत: लोग face book पर जुड़ने से कतराते हैं। इसे सिर दर्द समझते हैं। इसमें आप अपने मित्रों को बना सकते हैं, उनकी request को स्वीकार कर भी अपने मित्र मण्डल में जोड़ सकते हैं। यह इसकी विस्तृतता का पहला प्रमाण है। अपने मित्रों का संदेश व्यक्तिगत रूप से भी जान सकते हैं और भेज भी सकते हैं। आपकी अच्छी पोस्ट (कविता/गीत) पर आपको उनके लाइक मिलते हैं। उनके कमेन्ट्स् आपको मिलेंगे आप भी अपनी ओर से ऐसा करके उनके उत्साह को बढ़ा सकते हैं।

face book आधुनिक जगत का सोशल मीडिया है। आपकी बात विदेशों तक आराम से पहुंच जाती है। हम सोचते हैं विदेशी हिन्दी नहीं समझ पाते होंगे अथवा हम उनकी भाषा नहीं समझ सकेंगे। लेकिन अब ऐसा नहीं है मोबाइलों में अब ऐसे सॉफ्टवेयर हैं जो एक भाषा को दूसरी भाषा में बदल देते हैं। विदेशी भाषा को हम समझ सकते हैं और विदेशी हमारी भाषा को। जिस तरह टी वी पर कई अंग्रेजी संवाद हिन्दी में स्क्रीन पर लिखे आते हैं।

अब मैं आपको बताता हूँ आप अपने विस्तार की सीमा को यही तक सीमित न रखें। जितनी आप अपनी सीमायें विस्तृत करते जायेंगे आपकी पहचान उतनी ही बनती चली जायेगी।

Face book में Groups से जुड़ें

Face book में Groups से जुड़ने के लिए ग्रुप में जब हम जाते हैं तो ग्रुपों के कई क्षेत्र नजर आते हैं। जैसे Game, Sc ience, Enterta inment, Mus ie, s ing ing, साहित्य आदि। आप अपने मनपसन्द के अनुसार क्षेत्र को चुनकर उसे खोलते हैं तो उसमें बहुत से ग्रुप खुल जाते हैं। इनमें इन ग्रुपों के सदस्यों की संख्या भी दिखायी देती है। यह आपकी इच्छा है कि आप कम से

कम से लेकर अधिकतम सदस्यों वाले ग्रुप को जाइन कर सकते हैं।

जितने अधिक सदस्य वाले ग्रुप से आप जुड़ेंगे, उतना ही आप अपना प्रचार अधिक कर सकते हैं। फेस बुक में आप जो भी पोस्ट करते हैं उसके स्वीकृत होने की जानकारी भी मिल जाती है। आपकी कितनी पोस्ट बकाया हैं। यह भी पता चल जाता है। आपके किसी ग्रुप में आपकी पोस्ट को एप्रूव नहीं किया जा रहा है अथवा देर से किया जा रहा है या फिर आपकी पोस्ट बहुत ज्यादा बकाया होती हैं। जरूरी नहीं आप उस ग्रुप से जुड़े ही रहें। आप उसे छोड़ भी सकते हैं। इसके लिये अपना आब्जरवेशन जारी रखें।

यहां एक अनार सौ बीमार वाला हिसाब नहीं है बल्कि यहाँ तू नहीं और सही, तू नहीं और सही, जैसा चलता है। आपके कदरदान यहाँ मिल ही जायेंगे प्रयास जारी रखें।

तमाम ग्रुप अपने-अपने स्तर से साहित्यक प्रतियोगितायें भी आयोजित करते रहते हैं। उनमें आप भाग ले सकते हैं। आपको मालूम पड़ जायेगा आपको कितने लोग पसन्द कर रहे हैं। अपनी प्रतिभा को निखारने का ये अच्छा माध्यम है।

लेखन क्षेत्र में रुचि रखने वाले अवश्य इन ग्रुपों से जुड़ें और अपनी ख्याति देश-विदेश तक पहुंचायें। ऐसे ही जिन ग्रुपों से मैं जुड़ा हूं उनके नाम, उनके सदस्यों की संख्या से अवगत कराना चाहूंगा ताकि आप भी इससे प्रेरित होकर अपनी प्रतिभा को निखार सकें।

My Face book Groups as on Dt 02-11-2021

No. of Members   Name of Group

~~~~~~~~~~

Internat ional Groups

No. of Members	Name of Group
8,700	विश्व हिन्दी साहित्य समूह
20,000	विश्व हिन्दी साहित्य सृजन
3,600	अनुराधा विश्व हिन्दी साहित्यकार समूह
17,000	अन्तर्राष्ट्रीय हिंदी संस्थान (यूरोप- एशिया)
25,000	Anjo Mus ical
5,000	Internat ional fr iends
14,000	Lovers In the wend
74,000	Mus ic Lovers Internat ional
71,000	अफलातून मस्ती
2,64,000	अल्फ़ाज ए ज़िंदगी
9,200	अल्फ़ाज ए कलम
5,000	अल्हड़ इश्क़
18,000	अन्दाज शायराना
19,000	अन्तरा शब्द शक्ति प्रकाशन
44,000	अनामिका
11,000	अधूरी ख़्वाहिश
1,200	अखिल भारतीय काव्य धारा
6,200	अनमोल रिश्ता प्यार का
~~~~~~~~~~

3,400	अनमोल रिश्ते प्यार के
24,000	अनमोल परिवार
4,600	अपना अनमोल परिवार
15,000	आग़ाज
11,000	आन मिलो सजना
7,100	आशियाना
70,000	एहसास ए कलम
24,000	एक मुलाक़ात
22,000	एक मुलाकात ज़िंदगी से
32,000	ऐतबार हमारा
24,000	बन्धन-2
11,000	बंधन अपनों का
62,000	बज़्म ए सुखन
11,000	बाग ए गुलज़ार
19,000	चाहत के रंग तेरे संग
39,000	छोड़ेंगे न हम तेरा साथ
2,23,000	दर्द भरी शायरी
36,000	दर्दे दिल दर्दे जिगर
13,000	दिल है आशिक़ाना
1,50,000	दिल से दिल का रिश्ता
9,700	दिल का रिश्ता
13,000	दिल ए नादान
48,000	दिल है तुम्हारा
1,200	दिल के अल्फ़ाज रिया के साथ
21,000	दिल के पास
3,700	दिल के रुहानी रिश्ते

                                        गीत लेखन कैसे करें?

36,000	दिल से दिल तक-1
12,000	दिल से दिल तक-2
15,000	दिल से शायराना
9,200	दिल तो पागल है
16,000	दोस्ती दिल से
10,000	इश्क़ ए इबादत
3,300	इश्क़ ए शायरी
16,000	इश्क़ हो गया है तुमसे
63,000	फुल टू फन
19,000	फुरसत के दो पल
8,700	गाता रहे मेरा दिल
42,000	गुलज़ार ए सूफ़ियाना
3,000	हम ख़्याल
9,900	हम साथ साथ हैं-1
10,000	हम साथ साथ हैं -2
21,000	हम साथ साथ हैं परिवार
41,000	हम तुमको न भूल पायेंगे
62,000	हमारी महफ़िल
38,000	हमारी महफ़िल इश्क तुम्हारा
11,000	हमारे तुम्हारे दरमियां
19,000	हसरत ए ज़िंदगी
6,500	हास्य व्यंग्य
80,000	हिन्दी लेखक परिवार
7,000	जरा मुस्कुराईए
11,000	जज़्बात ए कलम
3,500	जिंदगी एक सफर सुहाना तेरे संग यारा

9,300	तुझे जैसे धड़के धड़कने दो
78,000	कल भी मन अकेला था आज भी अकेला है
4,800	कलम की सुगंध सृजन माला
15,000	कलम के जादूगर
4,400	कलम के जादूगर मन की बात
20,000	कविता मंच
10,000	काव्य मंजरी
3,100	काव्य वाटिका
25,000	काव्यांचल
2,46,000	काव्योदय
24,000	कवितायें डॉ० अंशु के साथ
10,000	कुछ भीगे अल्फ़ाज़
47,000	कुछ कुछ होता है
2,26,000	कुछ तुम कहो कुछ हम कहें
15,000	ख़्वाबों ख़्यालों में तुम ही तुम
13,000	ख़्वाहिश ए मोहब्बत
9,700	ख़्वाहिशें तेरी मेरी
43,000	ख़ता ए इश्क़
7,400	खामोश मोहब्बत
33,000	लखीसराय न्यूज एवं प्रेरक विचार
56,000	लाजबाब शायरियाँ
3,400	लोक संगीत
4,400	महफ़ूज हूँ तेरी बाहों में
3,500	महकते जज़्बात (शब्द हमारे जज़्बात तुम्हारे
30,000	मस्ती की पाठशाला

   गीत लेखन कैसे करें?

30,000	माहिया
44,000	मधुशाला
40,000	मेरी आशिक़ी अब तुम ही हो
2,200	मेरी आवाज ही पहचान
17,000	मेरे दिल की धड़कन तू
41,000	मैं और मेरा दिल
22,000	मैं शायर तो नहीं
2,28,000	मौहब्बतें
17,000	मोहब्बत ही मोहब्बत
6,200	प्यार का मन्दिर
24,000	प्यार तो होना ही था
89,000	पवित्र दोस्ती
1,44,000	पागल दिल माने न
4,800	प्रवाह
1,900	राष्ट्रीय काव्य संग्रह
7,000	रिवायत
2,27,000	संस्कार
2,29,000	सदाबहार पुराने नगमें
32,000	साहित्य सागर
59,000	सांसों की कीमत
89,000	सुलगते लफ़्ज
2,25,000	सुमधुर गीत और ग़ज़लों की दुनिया
18,000	शब्द श्रृंगार
6,500	शायर ए कलम
11,000	शायर ए महफिल
92,000	शायरी दिल की डायरी

59,000	शायरी सच बोलती है
17,000	शायराना अन्दाज अल्फ़ाज दिलों के
44,000	शायराना मिजाज-1
6,400	शायराना मिजाज-2
37,000	शायरों की शायरी लिखने की डायरी
7,200	तन्हा दिल की बातें दिल से दिल तक
56,000	तन्हा शायरी
59,000	तराने दिल के
13,000	तेरा इश्क़
38,000	तेरा साथ है कितना प्यारा
1,06,000	तेरे इश्क़ में
30,000	तेरे लफ़्ज छू गये
5,700	तेरे मेरे प्यार के सपने
12,000	तुम जो मिल गये हो
38,000	तुमसे अच्छा कौन है
18,000	तुम याद आया न करो
37,000	तू मेरी आशिक़ी है
28,000	उफ्फ ये मौहब्बत
27,000	उड़ान
80,000	यादें अनकही सी
41,000	याराना
38,000	याराना दोस्ताना
10,000	याराना इश्क़
4,800	ये रास्ते हैं प्यार के
1,900	A journey from m ind tosoul
32,000	Ahsas Tere Pyar ka

15,00,000	A Ishwarya Ra I Bachchan
3,800	Akele Ha In chale Aao
1,26,000	All Ind Ia Theater Art Ist Asso...
5,000	Am It Anjan Fan Club
11,000	Anuradha Paudwal S Inger fan
6,400	Anuradha Paudwal & Kumar....
6,71,000	Ar Ij It S Ingh the perfect mus Ic Ian
54,000	Awara Kadam
2,400	Awwww I love you Jaanu
56,000	Beaut Iful Sm Ile & Close up
27,000	Beparwah Naught Ies
58,000	Best Fr Iend forever
73,000	Best shayar I
19,000	Bezuban Ishk Ha I Ye
9,300	BIG92.7 FM Mumba I
20,000	B Inaca Geet Mala fan club
6,700	Blue Cherry Fam Ily Group
12,000	Cool Cool
44,000	Dard e D Il
13,000	D Il Deewane
17,000	D Illag I
69,000	D Il Walo k I Dun Iya
17,000	Doston Ka Dhamal
5,700	Ehsas a Z Indg I
15,000	Ek yaad Puran I Ha I

6,100	EWA Z ndg
33,000	F lm Pass onates
12,000	Flower of 50 plus
1,37,000	Fr ends
5,500	Fr ends forever
3,200	Fr ends who l ke छोटे कवियों की बस्ती
58,000	Fr ends who l ke दिल की कलम से
2,300	Fr ends who l ke T ntu-Mon
29,000	F lm and Med a ndustry
20,000	Gazab Shayr D l k baat
19,000	Geet ke Meet
1,100	Geetanjal
95,000	Gulzar Poetry
55,000	Gulzar and Jagj t S ngh(शायरी)
5,92,000	Heart Beat
23,000	Hum Tum
17,000	Hamara Par war Best Par war
36,000	nd an f lm & TV ndustry
69,000	Jazbat e shk
11,000	J na S rf mere l ye
72,000	Kaav sh
46,000	Kav ta Kosh
1,400	Kavya Sh lp
7,00,000	K shor Kumar Great S nger & Act
7,21,000	Kumar V shwash

28,000	Kumar V Ishwash Shayar I Zone
35,000	Khoya Khoya Chand
3,57,000	Latamangeshkar Fan club
64,000	Mabuhay Mus Ic Rad Io
11,000	Mah I Tera Rub Da roop
6,000	Mamta Sa In I Group
9,500	Mast I All T Ime
32,000	Mera Man Tera Pyasa
7,400	Mere Hum safer-1
71,000	Mere Hum safer-2
3,600	Mohabbat k I pahl I Kad I
1,900	Mot Ivat Ional & pos It Ive fam Ily
25,000	Mus Ic Ian & Art Ist Collaborat Ion
30,000	Mus Ic Ian S Ingar Songwr Iters
2,99,000	Neha Kakkar Fan club
77,000	Never say good bye fr Iends
5,92,000	Old H Ind I Song Fan Club
10,000	Oye Jaan Ho Tum Mer I
5,000	Promote your mus Ic
81,000	Promote your mus Ic here
23,000	Pyar Jhukta Nah In
1,81,000	Pyar Lafjon me In Kahan
25,000	Queen & K Ing Love group
55,000	Rad Io Kant Ipur L Isteners.
1,000	Rad Io Muska
4,68,000	Rahat Indor I Group

2,20,000	Rahat Indori unofficial
14,000	Red 93.5 FM Listeners
6,04,000	Relationship Goals (Global)
52,000	Rekhta Fans Club
1,75,000	Romantic & Love Shayari
1,45,000	Sad Love
4,56,000	Salman Khan being Human
3,15,000	Salman Khan Fans Club
10,000	Sanam Teri Kasam
3,100	Sanjay Leela Bhansali
5,800	Sath Nibhana Sathiya
17,000	Sathiya
1,15,000	Schoolwala Love
2,38,000	Selena Gomez
2,700	Shama-e-parveen
1,02,000	Shayarana Khyal Sher O Shayri
11,000	Shayri Dil ki kalam se
16,000	Shayri Group
5,74,000	Shilpa Shetty
4,27,000	Shivangi Joshi
17,000	Short film makers
11,000	Smile Plz अब तो कुछ बोल ओ स्त्री
28,000	Singers Vocalists & Musician
20,000	Songwriter
10,000	Song Writter Singar & Guitar Sin..
10,000	Star Maker Singar

गीत लेखन कैसे करें?

18,000	Tera Mera club Dost ı
31,000	Tera Mera Sath
16,000	Tera Sath Mera Sath
2,800	Ter ı Mer ı Aash ık ı
46,000	The Mus ıc Vault
9,200	Tu k ı Jane Pyar Mera
1,600	Tum Mer ı Jaan Ho
2,53,000	Ud ıt Narayan Legand
35,000	Uns ıgned mus ıc art ıst & band
131 We are one	हम सब एक थे एक हैं...
4,800	We support Pankhur ı Pathak
2,100	Yaar Anmule
16,000	Ye D ıl Ab bh ı Pagal Ha ı
9,600	Ye D ıl Aash ıkana
3,83,000	Ye ha ın chahte Ha ı Mohabbate

what's app के माध्यम से काव्य/गीत संग्रह की तैयारी

what's up के माध्यम से आपने देखा हमारी सामग्री काफी पाठकों तक पहुंच जाती है। क्या आप जानते हैं what's up के माध्यम से हम अपने काव्य/गीत संग्रह की तैयारी बखूबी कर सकते हैं ? जी हां ! what's up के माध्यम से ऐसा करना सम्भव एवम् सरल है।

आपने अपना जो भी ग्रुप बनाया है उसमें जो भी काव्य/गीत आप भेजते हैं। एक दिन में एक या दिन में एक या दो बार, दो या तीन दिन में दो-चार बार। आप प्रेषण जारी रखें। सम्भव है आपके ग्रुप में अन्य इष्ट मित्रों के संदेश भी आपको पढ़ने को मिलें।

आपके ग्रुप में और भी ज्ञानवर्धक सामग्री आपको पढ़ने, सुनने व देखने को मिल सकती हैं। आप चाहते हैं कि आपके मित्र आपकी सामग्री पर आपको यथोचित प्रतिक्रिया दें तो इसके लिये आपको भी उन सबकी या जो आपको अच्छी लगे, सामग्री पर अपनी प्रतिक्रिया देनी चाहिये। इसी तरह का मित्रवत् व्यवहार हमें एक दूसरे से जोड़े रखता है। हम एक दूसरे से कितनी भी दूर क्यों न हों, एक ऐसा रिश्ता हममें बन जाता है, जो कभी हम आमने-सामने रहकर भी नहीं बना पाते।

आप स्वंय का संकलन तैयार करना चाहते हैं तो आपको ग्रुप में प्रतिदिन अथवा दो या तीन बाद ऐसा करना चाहिए जो सामग्री आपके अतिरिक्त मित्रों की है उसे डिलीट करते रहना चाहिए। इस प्रक्रिया को आप जारी रखेंगे तो आपको केवल अपनी ही सामग्री नजर आयेगी। वरना कभी-कभी सामग्री इतनी अधिक हो जाती है कि डिलीट करना मुश्किल हो जाता है।

अब आप सोचेंगे मैंने इतना सब कैसे लिख लिया। पुस्तकों के लिये सामग्री तैयार करने का इससे बेहतर तरीका आजकल के दृष्टिकोण से कोई और नहीं नजर आता है। जो भी आपकी सामग्री है उसके लिये पुनः एक ग्रुप तैयार कर लें जिसमें आप उस ग्रुप का नाम अपनी पुस्तक का शीर्षक रख दें।

स्वंय की सामग्री को एक बार पुनः Edit कर के बेहतर क्रमानुसार रख पुस्तक की शक्ल दे सकते हैं इतना आप कर लेते हैं तो शेष के लिए पुस्तकों के प्रकाशक का सहयोग ले सकते हैं और आप अपनी पुस्तक का प्रकाशन करा सकते हैं।

यूट्यूब पर अपने गीतों का प्रचार

अपने गीतों को आप अपने मधुर स्वर में सुन्दरतम् तरीके से आडियो-वीडियो बनाकर भी यू ट्यूब पर अपलोड कर सकते हैं। आपके गीत अथवा आपका काव्य पाठ कितने लोग पसन्द करते हैं आपको स्वंय ज्ञात हो जायेगा।

what's up सोशल मीडिया के दृष्टिकोण से एक स्थानीय समाचार पत्र की भांति है। इसकी सीमायें सीमित हैं इसका कार्यक्षेत्र बहुत ज्यादा नहीं है। इससे ग्रुप मेम्बर आपकी पोस्ट को देखते अवश्य हैं पढ़ते भी होंगे मगर उस पर अपनी प्रतिक्रियायें बहुत कम देते हैं। कई बार मैंने यह भी नोटिस किया है कि ग्रुप मेम्बर कई-कई दिनों में अपनी what's app को चेक करते हैं। यहां तक भी आवश्यक सूचनाओं पर भी गौर नहीं करते।

सबको एक साथ सलेक्ट कर डिलीट कर देते हैं। मेरा ऐसे सभी जागरूक सम्मानितों से निवेदन है कि ऐसा कदापि न करें। एक दूसरे की भावनाओं का सम्मान करें। आप स्वंय जैसा करेंगे भविष्य में वैसा ही आपके साथ भी हो सकता है। हम स्वंय किसी क्षेत्र में आगे नहीं बढ़ सकते तो क्या? दूसरे खिलाड़ी/कलाकार का हौसला तो बढ़ा सकते हैं। प्रशंसा के दो शब्द भी इन्सान के लिये बहुत बड़ा टानिक हैं। मेरी परमपिता परमात्मा से यही प्रार्थना है आप स्वंय भी आगे बढ़ें और दूसरों को भी आगे बढ़ने के लिए प्रेरित करते रहें

गीत को कागज पर कैसे उकेरें!

जी हाँ। गीत ग़ज़ल या शायरी करना अच्छा लगता है। लेकिन उसे काग़ाज़ पर उकेरना, कागज पर लिखना या मोबाइल स्क्रीन पर लिखना भी एक कला है। गीत कागज पर उकेरने का अभिप्राय है। गीत एक गायी जाने वाली विधा भी है। आप अवश्य चाहते होंगे कि आपका लिखा गीत एक अच्छे सिंगर के गले से निकले जो सीधे-सीधे जनसामान्य की जुबां बन जाये।

हालांकि यह एक लम्बी प्रक्रिया है फिर भी हम अर्थात् गीतकार इस पूरे परिदृश्य की बुनियाद है। इसलिए बुनियाद हमेशा ऐसी रहनी चाहिए जिस पर कितना ही निर्माण हो परन्तु वह टस से मस न हो।

आईए देखते हैं गीत लेखन/उकेरने में ऐसा क्या है?

गीतकार गीत का सृजन करता है ठीक वैसे ही जैसे मां एक बच्चे को जन्म देती हैं। उसका लालन पालन करती है। एक बच्चे की सारी हरकतें माँ पहचानती है वैसे ही गीतकार गीत की सारी हरकतों को पहचानता है। इसलिए एक बेहतर तरीके से सृजित गीत को एक दुल्हन के श्रृंगार की तरह सजाईये।

1- गीत का मुखड़ा - गीत का मुखड़ा अथवा टाईटिल आकर्षक हो। गीत में से ही कोई सबसे अधिक आकर्षक लगने वाली पंक्ति को आप मुखड़ा बनायें। मुखड़ा यानि चेहरा आकर्षक होगा तभी लोग आपको देखेंगे। चेहरा आकर्षक नहीं होगा लोग देखते ही मुंह फेर लेंगे।

2- गीत की स्थायी पंक्तियाँ: - सामान्यतया गीत की प्रथम दो पंक्तियाँ स्थायी कहलाती हैं। जिस तरह एक गायक पहली पंक्ति को दो बार गाता है। दूसरी पंक्ति एक बार फिर लौटकर पहली पंक्ति पर आ जाता है। हमें भी अपने गीत को इसी तरह सजाना है। इसमें भी यह ध्यान रखने योग्य बातें हैं कि कोमा (,) पूर्ण विराम (।) डॉट (.....)आदि एक गीत के गहने समान है। बिना इनके ऐसा लगता है कि जैसे श्रृंगार बिना एक दुल्हन चली आयी हो। इन सामान्य से प्रतीकों से एक गायक को आभास हो जाता है कि गाते समय कहाँ विश्राम लेना है।

मातृभाषा हिन्दी पर गीत

हिन्दी हमारी मातृभाषा है। हिन्दी को राजभाषा के रूप में भी मान्यता प्राप्त है। देश में सितम्बर माह में हिन्दी पर तरह-तरह के कार्यक्रम आयोजित किये जाते हैं। जिनमें हिन्दी निबन्ध, पत्र-लेखन, काव्य लेखन एवम् सांस्कृतिक कार्यक्रम भी आयोजित किये जाते हैं। ये सभी कार्यक्रम भारत सरकार के नियमानुसार आयोजित होते हैं।

माह सितम्बर में ये पखबाड़े के रूप में मनाया जाता है। इस दौरान अपनी मातृभाषा के सम्मान, उसके प्रचार-प्रसार के लिए भी लिखने के अवसर रहते हैं। दुर्भाग्य से बहुत कम ही हिन्दी के प्रचार-प्रसार की सामग्री देखने को मिलती है। मैंने स्वंय इस क्षेत्र में कार्य करने का प्रयास किया और अपने विभाग (भारत संचार निगम) में होने वाले कार्यक्रमों के लिये हिन्दी गीत लिखे। जिनमें अपनी भाषा की विशेषताओं का जी भर कर गुणगान किया।

लहरायेगा भी परचम हिंदी का इस जगत में

पावन यहाँ की धरती रंग जायेगा भी रंग में

यूँ तो हम अपना लेखन हिन्दी भाषा में करते ही हैं लेकिन हिन्दी भाषा में किस तरह समास और अलंकारों के माध्यम से उसे सजाया-संवारा जाता है। वह एक कला है। हिन्दी सामान्य रूप में एक सामान्य महिला के समान है लेकिन जब उसे समास अलंकारों से सुसज्जित किया जाता है तो वह नयी-नवेली दुल्हन के समान लगती है।

यही हिन्दी का आकर्षण है। हिंदी की बिन्दी माथे की बिन्दिया के समान है। भ्रमपूर्ण शब्द जैसे पी यू टी-पुट तो बी यू टी-बट हिन्दी में नहीं होता। सृजनकारों के लिये यह क्षेत्र भी महत्वपूर्ण है। अंग्रेजी अन्तर्राष्ट्रीय भाषा है लेकिन हमें भी अपनी भाषा को विश्व स्तर पर ले जाने के प्रयास करने चाहिए। इसके लिये गीत ऐसा माध्यम हैं जो हमारी पहचान संसार में करा सकते हैं।

आईये हिन्दी भाषा के सम्मान में लिखा एक गीत आपके लिये उदाहरण के रूप में प्रस्तुत है।

चलते चलते मेरा ये है कहना

चलते-चलते मेरा ये है कहना~हिन्दी मात्र एक भाषा नहीं है
ये तो पुरखों की है सभ्यता~इससे कोई अछूता नहीं है
चलते-चलते मेरा ये है कहना~हिन्दी मात्र एक भाषा नहीं है

ज्ञान के वास्ते ही दिये हैं~विधाता ने चक्षु हमें ये
दान विद्या का जी भर करें हम~न भी हो खोट कोई हिये में
हमको अपने वतन में है रहना~इससे दूर हों इरादा नहीं है
ये तो पुरखों की है सभ्यता~इससे कोई अछूता नहीं है
चलते-चलते मेरा ये है कहना~हिन्दी मात्र एक भाषा नहीं है

चला है अगर काम होगा~हाँ कभी तो कल्याण होगा
कैसी-कैसी डगर में चला हूँ~दिल तुम्हारा भी हैरान होगा
दुल्हनों का अलग ये है गहना~इसको लूटा भी जाता नहीं है
ये तो पुरखों की है सभ्यता~इससे कोई अछूता नहीं है
चलते-चलते मेरा ये है कहना~हिन्दी मात्र एक भाषा नहीं है

कसमें खायी हैं हमने कभी जो~आज हमने कसमें निभायी
उल्टी-सुल्टी लिखी है मगर~भाषा हिंदी नहीं है परायी
उड़र्दू इसकी सगी एक बहना~कर जुदा कोई पाता नहीं है
ये तो पुरखों की है सभ्यता~इससे कोई अछूता नहीं है
चलते-चलते मेरा ये है कहना~हिन्दी मात्र एक भाषा नहीं है

आग कैसी ये अंग्रेजी लायी~अपने अपनों में की है जुदाई
प्रीत की डोर बांधी है जिससे~न भी करना कभी बेवफ़ाई
भूलकर भी यादों में रखना~हमको कोई और भाता नहीं है
ये तो पुरखों की है सभ्यता~इससे कोई अछूता नहीं है
चलते-चलते मेरा ये है कहना~हिन्दी मात्र एक भाषा नहीं है

कैलाश चन्द्र यादव

गीत लेखन–साज एक स्वर अनेक

साज़ एक स्वर अनेक

एक साज़ बैन्जों (Bainjo)

भारतीय वाद्य यन्त्रों में संगीत वाद्य यन्त्र बैंजो एक अद्भुत वाद्य यन्त्र है जिसमें कई वाद्य यन्त्रों की आवाज समाहित है।

इसकी मूल आवाज- इसमें सामान्यतः 8 से 10 तारों तक की क्षमता होती है। तारों की अधिकता के कारण इसके तारों को एक सुर में मिलाना मुश्किल होता है। अतः वर्तमान में मात्र दो तारों से ही इसका वादन किया जाये तो अच्छा लगता है। सुर बेसुरे होने पर मिलाना भी आसान होता है। जब इसे अपनी ही प्लास्टिक की पत्ती से बजाया जाता है वह इसकी मौलिकता है। अधिकांश बैंजो वादक ऐसे ही बजाते हैं।

फिल्मी गीतों में इसका प्रयोग होता रहा है। कव्वालियाँ तो मानों बैंजो बिना अधूरी हैं। इसके अतिरिक्त भी बैंजो के पीस फिल्मी गीतों में मिलते हैं।

बैंजो वाद्य यन्त्र आमतौर पर दो प्रकार के होते हैं बटन वाले और हारमोनियम की तरह रीड वाले। आजकल बटन वाले और वह भी इलेक्ट्रिक बैन्जो प्रचलन में हैं। दोनों ही प्रकार के बैन्जो का अपना अलग-अलग मजा है।

बैन्जो वाद्य यन्त्र का प्रयोग सन्तूर की भांति जब इस वाद्य यन्त्र को लकड़ी की कलम जैसी किसी स्टिक से सन्तूर की तरह तारों पर टिक-टिक करके बजाया जाता है तो इससे सन्तूर की भांति स्वर निकलता है। सतत् अभ्यास से हम सन्तूर का विकल्प पा सकते हैं। फिर पहचान पाना मुश्किल है कि यह वाद्य यन्त्र बैन्जो है या सन्तूर।

बैन्जो वाद्य यन्त्र का प्रयोग बीन की भांति इस वाद्ययन्त्र को जब बाँस की कलम या स्टिक के माध्यम से तारों पर घिस कर बजाया जाता है तो इससे एक अलग ध्वनि निकलती है। यह ध्वनि साधारणतया बहुत कम होती है लेकिन जब

बैन्जो को स्पीकर से जोड़ दिया जाता है तो इसकी ध्वनि की मधुरता का आभास होता है और अब यह आवाज बीन की तरह की बन जाती है। परन्तु इसके लिए अभ्यास जरूरी है सामान्य तौर पर इसे समझ पाना मुश्किल है।

बैन्जो वाद्ययन्त्र को अंगुली से बजाना बैन्जों वादन अंगुली के माध्यम से करना एक नयी तकनीक है। इस तकनीक से यह वाद्य यन्त्र बहुत सॉफ्ट हो जाता है। एकान्त के पलों में इतनी आवाज पर्याप्त लगती है। जो काम पत्ती नहीं कर पाती वह अंगुली से होता है। संगीत के किसी भी तरह के उतार-चढ़ाव को अंगुली समझ लेती है। दाहिनी हाथ की तर्जनी अंगुली का प्रयोग इसके लिये किया जाता है। वर्तमान में तार वाले और भी वाद्य यन्त्रों में इस तरह का प्रयोग हो रहा है।

बैन्जो वाद्ययन्त्र को चाबी से बजाना बैंजो वादन का एक और तरीका है चाबी से बजाना। जी हाँ! बैन्जों के तारों को कसने वाली चाबी। लोहे की यह चाबी भी बैंजो बजाने का बहुत अच्छा माध्यम है। न पत्ती टूटने का डर न संभालने की झंझट। यहाँ पर यह ध्यान रखने योग्य बात है कि हम चाबी को बैंजो बजाने के लिये कैसे पकड़ते है। चाबी के पकड़ने अर्थात् बहुत हलके से पकड़ने से लेकर मजबूती तक पकड़ना। जितने हलके से हम चाबी से तारों को टच करेंगे उतने मधुर स्वर का आभास हमें होगा। तमाम गीत जो धीमी गति वाले होते हैं उनको प्ले करने के लिये यह बड़ा अच्छा तरीका है। जैसे-जैसे गीत की गति के अनुसार मध्यम या तीव्र की आवश्यकता होती है। हमें चाबी को भी हलके से मजबूत पकड़ने में ध्यान रखना है। और जब गीत अपनी ऊँचाईयों की ओर बढ़ता है तब तेज बजाने का मजा अलग ही आता है।

बैन्जो वाद्ययन्त्र को गिटार की भांति बजाना स्पेनिश गिटार बजाने वाली स्टिक को लेकर भी बैंजो बजाया जा सकता है। यहाँ पर यह महत्वपूर्ण है कि अब हमें मात्र एक ही तार पर वादन करना है। जी दोस्तों बैंजों का एक तार भी अच्छे वादन के लिये पर्याप्त है। धीमी गति के गाने अथवा वे गीत जो ठहराव लिये होते हैं जैसे वक़्त करता जो वफ़ा... आदि को बखूबी इसके माध्यम से बजाया जा सकता है।

और दोस्तों बैंजो के ऊपर वाले हिस्से को खोलकर अलग रख दिया जाये

और लकड़ी की कलम से इसे तारों पर घिस कर बजाया जाये तो हवाईन गिटार का मजा आता है। और तो और अपनी इस कला से और भी डिफरेन्ट आवाजें जैसे कुत्ता,बिल्ली आदि भी निकाल सकते हैं।

मगर किसी भी हुनर को पाने का माध्यम संकेत से शुरू होता है और अभ्यास पर समाप्त होता है। तो दोस्तों है न कमाल की जानकारी।

प्रकाशन सम्बन्धी सुझाव

पुस्तकों का कार्य सामान्यतः पेजमेकर सॉफ्टवेयर में किया जाता है। यहाँ पर ध्यान रखने योग्य बातें, एक लेखक और उसे कम्प्यूटर पर कार्य करने वाले के लिये हैं। पुस्तक के मेटर अर्थात् लगभग कुल पेज संख्या के आधार पर ही उसकी रूप रेखा तैयार करनी चाहिए। माना कि विषय सामग्री लगभग 100 पेज की है इसके प्रारम्भ के लगभग 10 पेज अनुक्रम सहित अन्य विषयों जैसे लेखक का परिचय पुस्तक के विषय में चर्चा पुस्तक का समर्पण आदि के लिये छोड़ते हुए 11वें पेज से अपनी विषय सामग्री शुरू करनी चाहिए।

मैं कम्प्यूटर राइटर को भी अवगत कराना चाहूंगा कि वे भी जब पेजमेकर में पुस्तक तैयार करें। ठीक उतने ही प्रारम्भ के पेज खाली रहने दे। उससे आगे से उस पर कार्य करें। इससे लाभ यह होता है कि लेखक का अनुक्रम और पेज न० कम्प्यूटर राइटर के अनुसार समान रहता है। भविष्य में इस पर कार्य करने में न कम्प्यूटर राइटर को दिक्कत आती है और न ही लेखक को प्रूफ रीडिंग में परेशानी का सामना करना पड़ता है। दोनों का ही तालमेल बना रहता है।

अनुक्रम तैयार करना

पुस्तक का अनुक्रम तैयार करना एक जटिल कार्य है। जहाँ तक गद्य विषय सामग्री होती है। वहाँ पर हमें एक कहानी की तरह आगे सेट करना चाहिए। लेकिन जब कविताओं/गीत का मामला आता है तब हमें बेहतर होगा कि उसे एक एल्फावेट क्रम दें। ताकि पाठक को आपकी कविता/गीत ढूंढने में असुविधा न हो। मैंने अक्सर देखा है इस तरह की किताबें बिना किसी एलफावेट क्रम के तैयार होती हैं। ऐसा न करें तो अच्छा है।

लेखक और कम्प्यूटर राइटर के लिये जरूरी है इस पर सूक्ष्म दृष्टि रखें। क्रम न बिगड़ने दें। ए अर्थात् अ से शुरू होने वाली विषय सामग्री प्रारम्भ में....W x y z आदि से शुरू होने वाली विषय सामग्री अन्त में आनी चाहिए।

व्याकरण के चिन्हों का प्रयोग

जैसे ~, ( ) / ? "आदि। व्याकरण के ये चिन्ह वास्तव में दुल्हन के श्रृंगार के समान हैं। खूबसूरती में चार चाँद लगाने के लिये ये सर्वोत्तम माध्यम है। कहाँ प्रश्न चिन्ह आना है, कहां पूर्ण विराम का प्रयोग करना है, कहाँ कॉमा आदि। इस तरह की जानकारी कम्प्यूटर राइटर को होना चाहिए।

यहाँ पर इसका दूसरा पहलू यह भी है। समय ने जिस तरह करवट ली है उस पर भी हमें गौर करना है। नये ज़माने के फैशन तौर तरीकों से भी हम स्वंय को नहीं बचा सकते। परिवारों में यह द्वन्द का विषय बन जाता है। एक गीत की कुछ पंक्तियाँ याद आती है

एक तारा बोले, तुन तुन सुन सुन सुन

एक तारा बोले तुन तुन,क्या कहे ये तुमसे सुन सुन

एक तारा बोले,तुन तुन तुन तुन तुन

पहले तो था चोला बुर्का,पहले तो था चोला बुर्का

फिर काट-२ के हुआ कुरता,चोले की अब चोली है बनी,

चोली से आगे क्या होगा,चोली से आगे क्या होगा

ये फैशन बढ़ता बढ़ता गया और कपड़ा तन से घटता गया

और अब कुरते से कुरती बनी

तो फिर उसके बाद,एक तारा बोले

फैशनों का दौर यूँ ही बदलता रहेगा और हमें भी यह स्वीकारना होगा।

इसी के मद्देनजर लेखन क्षेत्र में भी परिवर्तन आया है। ख़ास कर कविता/ गीत शेरों शायरी में अब व्याकरण वाले चिन्हों का प्रयोग कम होता जा रहा है। फेस बुक पर तो नयी ही भाषा चलने लगी है। जैसे तुम कैसे हो tm Kse Ho धन्यवाद/Thanks को tq आदि। ये लेखन क्षेत्र के नये ढब हैं।

मैंने भी अपने गीतों में कुछ नये हिन्दी-अंग्रेजी (आवश्यकतानुसार) चिन्हों का प्रयोग किया है। जब आप मेरे गीत संग्रहों का अध्ययन करेंगे तो लगेगा अब

हम काफी सरलता चाहते हैं। आशा है आपको भी ये प्रयोग अच्छे लगेंगे। मैं प्रकाशकों से भी निवेदन करूँगा कि वे वक्त की रफ़्तार को समझकर चलें।

कैलाश चन्द्र यादव

www.ingramcontent.com/pod-product-compliance
Lightning Source LLC
Chambersburg PA
CBHW051434130726
47987CB00005B/2045